Ilona Daiker

Buddhas Weisheit in 40 Sprüchen

Inspirationen für einen ruhigen Geist und ein freudiges Herz

Inhalt

»So wie der
große Ozean einen
Geschmack hat, den
Geschmack von Salz,
so hat auch diese
Lehre und Disziplin
einen Geschmack,
den Geschmack
der Befreiung.«

Liebe Leserin, lieber Leser!

Achtsamkeit, Konzentration auf das Hier und Jetzt, Dankbarkeit, Mitgefühl, Gelassenheit – all das sind innere Haltungen und Werte, die einen wunderbaren Ausgleich bilden können zu unserem oft so hektischen Leben. Nicht von ungefähr fühlen sich immer mehr Menschen in der westlichen Welt vom Buddhismus angezogen. Auch wenn du nur bestimmte Aspekte von Buddhas Weisheitslehre in den Alltag integrierst, kann das dein Leben bereichern und dich von so manchen Sorgen, Ängsten und destruktiven Gedankenspiralen befreien.

Dies ist keine systematische Einführung in den Buddhismus – davon gibt es schon genug –, sondern ein lebenspraktisch ausgerichtetes »Schatzkästchen«, in dem du stöbern und das auswählen kannst, was dich gerade anspricht. Ausgehend von 40 Zitaten möchte ich dich anregen, dich mit den wichtigsten Aspekten von Buddhas Lehre zu beschäftigen. Manche der Sprüche kennst du bestimmt schon von Postkarten oder Instagram-Posts, andere sind weniger bekannt.

Woher die Zitate stammen

Zu Buddhas Zeit – er lebte vermutlich etwa zwischen 420 und 350 v.Chr. – wurden religiöse Texte nicht niedergeschrieben, sondern in mündlicher Form weitergegeben. Buddhas Schüler lernten also seine Lehrreden auswendig und rezitierten sie. Erst nach seinem Tod entstand der sogenannte Pali-Kanon, der einzige in indischer Sprache erhaltene Kanon buddhistischer Texte. Diese Texte wurden wiederum erst im 19. Jahrhundert in europäische Sprachen übersetzt. Als der Buddhismus im 20. Jahrhundert im Westen populär wurde, entstanden viele Bücher mit verschiedenen Versionen von Buddhas Zitaten. Wundere dich also nicht, wenn das eine oder andere Zitat nicht genau mit einem übereinstimmt, was du schon woanders gelesen hast. Außerdem findest du hier Zitate von buddhistischen Lehrerinnen und Lehrern aus verschiedenen Zeiten und Schulen, die zum jeweiligen Thema passen.

Wie dieses Buch aufgebaut ist

Zur besseren Orientierung sind die Zitate sechs Themenbereichen zugeordnet. Da viele Sprüche auf verschiedene Themen verweisen, ist diese Einordnung nicht immer ganz eindeutig. Um mich nicht zu oft zu wiederholen, habe ich jeweils bestimmte Gesichtspunkte herausgegriffen. Gewisse Wiederholungen sind aber auch beabsichtigt, weil es dabei um Themen geht, die so wichtig sind, dass man sie gar nicht oft genug hören kann. Außerdem ist dieses Buch nicht so gedacht, dass du es in einem Schwung von vorn bis hinten durchliest. Ich empfehle dir vielmehr, es durchzublättern, ein Zitat auszuwählen, das dich anspricht, und dir Zeit zu lassen, dich damit zu beschäftigen.

Ein Weg der Erfahrung

Der Buddha hat uns einen nicht nur für seine Zeit revolutionären Weg der Befreiung vom Leiden hinterlassen. Es ist keine Lehre, an die wir glauben müssen, sondern ein Weg der Erfahrung. Egal, ob es um Meditation oder um unser Verhalten im Alltag geht: Buddha fordert uns auf, zu überprüfen, ob seine Lehre bei uns funktioniert, ob wir dadurch wirklich glücklicher, gelassener und weiser werden. Auch wenn dies kein Übungsbuch für Meditation ist, soll es dich motivieren, ins Tun zu kommen und mehr Gelassenheit, Achtsamkeit und Glück in dein Leben zu bringen. Ob es bei dir gerade darum geht, mehr Fürsorge und Liebe für dich selbst zu entwickeln, anderen Menschen mit mehr Güte und mitfühlender Klarheit zu begegnen oder dein Leben und das deiner Umgebung mit Dankbarkeit und Großzügigkeit zu bereichern, weißt du selbst am besten. Lass dich einfach von deiner inneren Stimme lenken. Achte nur darauf, dass du bei aller Ernsthaftigkeit deinen Humor behältst und nicht zu fokussiert und verbissen wirst. Das Ziel der buddhistischen Lehre ist stets ein Gefühl von Weite, Offenheit und Freiheit.

Mögen alle Wesen glücklich und frei sein!
Der buddhistische Weg beginnt meist damit, dass wir uns mit uns selbst beschäftigen, er dient aber nie der Selbstoptimierung. Alle Übungen, Meditationen und ethischen Richtlinien zielen auf unsere Verbundenheit mit allem Leben auf diesem Planeten. »Alles Glück der Welt«, sagt der Buddha, »entsteht aus dem Wunsch, dass andere glücklich sein mögen.« Wenn du das im Hinterkopf behältst, hast du schon einen entscheidenden Schritt gemacht.

In diesem Sinne wünsche ich dir viel Freude auf deinem Weg!

WIE GEDANKEN UNSER LEBEN BESTIMMEN

»Wir sind,
was wir denken.
Alles, was wir sind,
entsteht aus
unseren Gedanken.
Mit unseren
Gedanken formen
wir die Welt.«

Wahrscheinlich hast du dieses Zitat schon mal gelesen – auf einer Postkarte, auf Instagram oder wo auch immer. Es handelt sich dabei um eine der bekanntesten Äußerungen, die dem Buddha zugeschrieben werden, und gleichzeitig um eine, die leicht missverstanden werden kann. Denn was heißt das eigentlich genau, dass wir die Welt formen können mit unseren Gedanken? Geht es hier um positives Denken? Will der Buddha uns damit sagen, wir seien allmächtig und könnten die ganze Welt mit unseren Gedanken nach unseren Vorlieben und Abneigungen gestalten?

Schön wär's – oder doch eigentlich nicht, wenn man bedenkt, dass dies dann ja für jede und jeden gelten würde. Das ist aber auch nicht gemeint. Allmachtsfantasien sind nicht Buddhas Sache. Tatsächlich wohnt unseren Gedanken jedoch eine große Kraft inne, die wir leider oft in eine ungünstige Richtung lenken.

Wohin unser Geist sich neigt, sagt Buddha an anderer Stelle, bestimmt die Ausrichtung unseres Lebens. Das lässt sich ganz einfach im Alltagsleben feststellen. Wenn du mit der inneren Haltung aus dem Haus gehst, dass alle, denen du heute begegnen wirst, dir wohlgesinnt sind, wirst du mit hoher Wahrscheinlichkeit durch deine Ausstrahlung viele Menschen zum Lächeln bringen. Es werden sich nette, kurze Gespräche ergeben, die dich in deiner Haltung bestätigen. Mit deinen Gedanken beziehungsweise der Ausrichtung deines Geistes kreierst du eine Realität, die selbst durch eine unangenehme Begegnung nicht gleich ins Wanken gebracht wird. Denn wenn du anderen wohlwollend begegnest, beziehst du auch eine unfreundliche Reaktion nicht auf dich, sondern denkst vielleicht sogar mitfühlend: »Oje, der arme Kerl hat einen schweren Tag heute.«

Dasselbe gilt leider auch umgekehrt: Gehst du davon aus, dass es sich bei den meisten Mitmenschen um unangenehme Zeitgenossen handelt, erlebst du das mit großer Wahrscheinlichkeit auch so. Deine missmutige Ausstrahlung zieht förmlich andere an, welche die Welt als einen üblen Platz betrachten. Sogar neutrale Reaktionen von anderen lassen sich mühelos negativ deuten. Und sollte dir jemand mit einem freundlichen Lächeln begegnen, denkst du womöglich, er macht sich über dich lustig – auf jeden Fall ist er dir suspekt. Buddha hat das mit folgenden Worten beschrieben:

> »Was du denkst, bist du. Was du tust, strahlst du aus. Was du ausstrahlst, ziehst du an.«

Wie mächtig unsere eigenen Vorstellungen und Fantasiegebilde sind und wie wir uns damit Angst zu machen vermögen, zeigt eine amüsante buddhistische Geschichte:

DER MÖNCH UND DER TIGER

Ein Mönch hatte sich zurückgezogen von der Gemeinschaft und lebte ganz allein in einer Höhle. Meist widmete er sich der Meditation, doch eines Tages kam er auf die Idee, die Wände der Höhle zu bemalen. Er begann mit schönen, bunten Ornamenten und malte später auch Tiere. Besonders viel Mühe gab er sich mit einem Tiger, den er lebensgroß und farblich realistisch auf die Felswand pinselte. Nachdem er damit fertig war, bekam er Hunger und begab er sich mit seiner Bettelschale ins nächstgelegene Dorf, um sich etwas zu essen zu holen. Als er gegen Abend zurückkam zu seiner Höhle und eine Kerze anzündete, sah er im Kerzenschein den Tiger auf sich zukommen und rannte in panischer Angst schreiend davon.

Was für ein Dummkopf, oder? Aber illustriert diese Geschichte nicht sehr anschaulich, wie oft wir uns in Gedanken einen »gefährlichen Tiger« erschaffen, vor dem wir uns schrecklich fürchten, obwohl er lediglich ein Konstrukt unseres Geistes ist? Diese Schein-Tiger prägen unser Leben in Form von allen möglichen Sorgen und Ängsten, die uns plagen und daran hindern, die Realität so zu sehen, wie sie wirklich ist. Unser subjektives Konstrukt von Realität wird bestimmt von oft geradezu absurden Gedanken, die unsere Wahrnehmung verzerren und uns das Leben schwer machen. Jeder kennt das. Wenn wir Glück haben, löst sich das Zerrbild rasch auf, indem zum Beispiel eine gefürchtete Situation wie ein Krisengespräch mit dem Partner oder der Chefin überraschend gut und einvernehmlich verläuft. Andere Glaubenssätze wie »Ich genüge nicht.« oder »Ich werde nie eine befriedigende Partnerschaft aufbauen können.« halten sich womöglich ein Leben lang und tragen zu dem bei, was man in der Psychologie eine Selffulfilling Prophecy nennt: Das, was wir befürchten, trifft wirklich ein, was uns fatalerweise in unserer pessimistischen Grundeinstellung bestätigt. Ein Teufelskreis!

Was schlägt nun Buddha vor, wie wir dieses Problems Herr oder Frau werden könnten? Wie gelingt es uns, unseren Geist einigermaßen unter Kontrolle zu bekommen? Die schlechte Nachricht lautet: Einfach ist das nicht, denn unser Geist produziert ununterbrochen Gedanken und springt hin und her, weshalb man ihn im Buddhismus auch als »Affengeist« bezeichnet. Ein großer Irrtum besteht darin, zu glauben, man könne diese Bewegungen des Geistes durch Meditation einfach ausschalten wie mit einem Schalter. Das ist definitiv nicht machbar.

Wir können aber üben – und das ist die gute Nachricht –, ihn zu beobachten, zu beruhigen und immer häufiger im gegenwärtigen Moment zu verweilen, ohne uns von Gedankenkonstrukten wegtragen zu lassen. Das ist möglich, weil wir diese faszinierende menschliche Fähigkeit besitzen, uns dessen bewusst zu werden und zu beobachten, was wir denken, fühlen oder tun. Jede und jeder von uns hat diese Fähigkeit. Doch es ist wie beim Stricken, Klavierspielen oder Fahrradfahren: Wir müssen es lernen und regelmäßig üben. Ohne Übung geht es nicht.

Aber keine Angst, du musst nicht stundenlang auf dem Kissen sitzen und meditieren, wenn dir das nicht liegt. Es bringt schon viel, wenn du dich regelmäßig in Achtsamkeit übst. Das kannst du tun, während du in einer Warteschlange stehst, beim Spazierengehen oder abends vor dem Einschlafen, um nur ein paar Möglichkeiten zu nennen. Versuche, dich zu entspannen und dich ganz auf deinen Atem zu konzentrieren. Wenn du es schaffst, dich drei Atemzüge lang nur auf deinen Atem zu fokussieren, ist dein »Achtsamkeitsmuskel« schon ziemlich gut trainiert. Entscheidend ist aber noch etwas anderes, nämlich, dass du die immer wieder auftauchenden Gedanken bemerkst und dich in eine Beobachterposition begibst. Dadurch entsteht eine kleine Lücke, die es dir ermöglicht, von außen auf das zu schauen, was in dir passiert, ohne zu reagieren.

Es geht nicht darum, diese Gedanken möglichst schnell zu verändern. Vielmehr blickst du mit Wohlwollen und Mitgefühl auf deine Gedanken und Gefühle, nimmst alles wahr, ohne es zu beurteilen und ohne dich damit zu identifizieren. Es sind nur Gedanken, die kommen und gehen, während du deine Aufmerksamkeit immer wieder zurückführst zu deinem Atem, der so etwas wie dein Anker in der Gegenwart ist. Im Laufe der Zeit – darauf kannst du vertrauen – wird sich ohne dein aktives Zutun etwas verändern.

STELLE DIR FOLGENDE FRAGEN:

- Gibt es immer wiederkehrende Gedanken, die dich belasten?
- Weißt du, woher diese Gedanken kommen und welche Wirkung sie auf dein Leben haben?

ANREGUNGEN:

- Nutze Wartesituationen, um deine Achtsamkeit zu trainieren und den Fluss deiner Gedanken zu beobachten.
- Achte darauf, dass du dich dabei nicht beurteilst. Es gibt beim Achtsamkeitstraining kein Richtig oder Falsch. Es ist, wie es ist.

»Der Geist ist
durch seine
Aktivität der
leitende Architekt
des eigenen
Glücks
und Leidens.«

Wir neigen dazu, die Macht unserer Gedanken zu unterschätzen, wenn wir sagen, »Ist ja nur so ein Gedanke«, oder glauben, es käme letztlich vor allem darauf an, wie jemand handelt, und nicht, was er so denkt. Natürlich ist es ein Unterschied, ob jemand einen anderen Menschen in seiner Fantasie umbringt oder ob er es tatsächlich tut. Trotzdem haben insbesondere wiederkehrende Gedanken eine enorme Wirkung auf uns und unser Umfeld.

Im Buddhismus unterscheidet man zwei Arten des Denkens: das Denken, das Leid verursacht, und das Denken, das Glück bewirkt. Das Denken, das Leid verursacht, ist getrieben von Verlangen, Gier, Ablehnung, Widerwillen und Neid. Wir sind unzufrieden mit unserem Leben und bilden uns ein, es ginge uns viel besser, wenn wir dies oder jenes besitzen würden, einen anderen Partner oder einen besser bezahlten Job hätten. Ebenso kann sich dieses Wenn-dann-Denken auch auf das beziehen, was wir nicht wollen: Wir machen uns vor, alles wäre gut, wenn wir nur diesen blöden Vorgesetzten nicht hätten oder wenn unser Kind nicht in eine andere Stadt gezogen wäre. Und wir sind tendenziell missgünstig: Wir beneiden unseren Nachbarn um sein größeres Haus, seine talentierten Kinder oder was auch immer und können das, was wir selbst haben, nicht wertschätzen. In allererster Linie schaden wir uns mit dieser Art zu denken selbst. Denn dass eine solche Haltung – neudeutsch auch Mindset genannt – uns unglücklich macht, liegt auf der Hand.

Vielleicht hast du schon einmal von den sogenannten »Hungergeistern« gehört, die sich im ersten Bereich des buddhistischen Lebensrades befinden. Sie sind ein Symbol für unbefriedigte Begierden, haben einen dicken, aufgeblähten Bauch, aber nur einen kleinen Mund und einen dünnen Hals. Ihr Hunger kann nie gestillt werden, weil ihr Hals zu dünn ist. Ihr Leiden nimmt kein Ende, obwohl sie ständig versuchen zu essen. Die Hungergeister stehen sinnbildlich für diejenigen, die dem Irrglauben anhängen, die Erfüllung körperlicher und materieller Wünsche könne sie dauerhaft glücklich machen.

Fühlst du dich ertappt? Vielleicht ein kleines bisschen? Es ist nur allzu menschlich, ab und zu ein bisschen Hungergeist in sich zu spüren. Unsere Leistungs- und Konsumgesellschaft arbeitet mit vielen Tricks daran, uns immer wieder zu verführen. Mach dir also keine Vorwürfe, wenn du mal wieder in die Falle getappt bist. Aber führe dir vor Augen, dass all diese Dinge, die du so gern hättest, vergänglich sind und dadurch zwangsläufig immer wieder Leiden verursachen.

»Der Mensch leidet, weil er Dinge zu besitzen und zu behalten begehrt, die ihrer Natur nach vergänglich sind.«

Das Denken, das Glück bewirkt, ist hingegen von Wohlwollen, Liebe und Dankbarkeit geprägt. Du begegnest dir selbst und anderen mitfühlend, freundlich und großzügig. Erlebt jemand etwas Schönes, kannst dich mit ihm darüber freuen, genauso wie du dich über Geschenke freust, die das Leben dir macht. Wenn du so durchs Leben gehst, fällt es nicht schwer, freiwillig auf Dinge zu verzichten, denn du lebst aus einer inneren Fülle heraus. Jeder von uns kennt solche Phasen im Leben – wenn wir verliebt sind, einen tollen neuen Job bekommen haben oder sich irgendein anderer Herzenswunsch erfüllt hat –, in denen alles perfekt scheint. Unabhängig von solchen Glücksmomenten oder Phasen können wir eine innere Haltung kultivieren, die es uns ermöglicht, aus dem Teufelskreis von Lust und Frust, der aus dem Wenn-dann-Denken resultiert, auszusteigen. Dankbarkeit und Großzügigkeit sind zwei wunderbare Schlüssel, die uns dabei helfen. Wenn du merkst, dass du dich im Defizit-Modus der Hungergeister befindest, versuche, dich geistig auf all das auszurichten, wofür du dankbar sein kannst. Tu das aber nicht mit der Strenge eines Moralapostels, sondern voller Zuneigung zu dir selbst. Sei großzügig und liebevoll dir selbst und anderen gegenüber und genieße die Fülle, die dadurch entsteht.

STELLE DIR FOLGENDE FRAGEN:

- In welche Richtung bewegen sich deine Gedanken am häufigsten? Wann taucht die Gier auf?
- Was hilft dir dabei, Begierden und materielle Wünsche loszulassen?

ANREGUNG:

- Wann immer du das Gefühl hast, etwas unbedingt haben zu müssen, verschenke etwas, sei großzügig mit anderen. Beobachte, was passiert, wenn du deiner Gier nicht nachgibst.

»Beherrsche deinen Geist oder er wird dich beherrschen.«

Allein in der Formulierung »Ich denke« steckt ein großer Irrtum. Ja, sicher, wir können unsere Gedanken eine gewisse Zeit lang lenken, wenn wir versuchen, uns auf eine Sache zu konzentrieren. Wir sind in der Lage, zu argumentieren, logisch zu denken, uns zu erinnern, Situationen zu antizipieren und uns etwas vorzunehmen. Doch selbst bei intensiven Gesprächen fällt uns zwischendurch etwas anderes ein. Und wenn wir spazieren gehen, uns auf einer Parkbank entspannen wollen oder abends im Bett liegen, tauchen alle möglichen Gedanken auf, die gewiss nicht von unserem bewussten Ich gesteuert werden.

60 000 bis 70 000 Gedanken schwirren tagtäglich durch unser Gehirn, also etwa 21 Millionen im Jahr. 90 Prozent davon wiederholen sich ständig und sind uns nicht bewusst. Je älter wir werden, desto höher ist der Prozentsatz der Wiederholungen.

Etwa 75 Prozent unserer Gedanken sind negativ. Das kommt daher, dass unser Gehirn seit Urzeiten darauf programmiert ist, Gefahren schnell zu erkennen. Für das Überleben in der Steinzeit war es wichtiger, den anschleichenden Säbelzahntiger frühzeitig zu entdecken, als unbeschwert durch die Gegend zu spazieren. Etwa zwei Drittel der Neuronen in unserem Gehirn sind dafür da, bedrohliche Situationen zu erkennen und im Langzeitgedächtnis zu speichern.

»Ja, aber wenn das so ist«, magst du dich jetzt fragen, »wie kann Buddha dann davon sprechen, dass wir unseren Geist beherrschen sollen?« Tatsächlich hat der amerikanische Neuropsychologe Rick Hanson, der sich seit vielen Jahren mit Meditation und Achtsamkeit beschäftigt, nachgewiesen, dass wir trotz dieser evolutionären Prägung unseren Geist beeinflussen können. Indem wir durch Achtsamkeit und Meditation negative Gedanken schneller erkennen und positive Geisteshaltungen wie Dankbarkeit, Liebe und Mitgefühl kultivieren, können wir unsere neuronalen Vernetzungen tatsächlich verändern. Eine Fähigkeit, die wir unbedingt nutzen sollten! Das bedeutet nicht, fortan mit einer rosaroten Brille durch die Welt zu laufen und Gefahren nicht mehr zu erkennen. Aber wenn wir lernen, unseren Fokus zu verändern, negativen Gedanken weniger Raum zu geben und positive Gedanken zu stärken, ist schon viel getan.

»Alles, was wir jetzt sind, ist das Resultat unserer Gedanken. (...) Der Geist ist alles. Was du denkst, das wirst du.«

Die buddhistischen Achtsamkeitsübungen und Meditationen streben genau das an. Du lernst dabei, den Strom der Gedanken und Empfindungen, der automatisch abläuft, zu beobachten, negative Gedanken nicht zu bewerten, ihnen keine weitere Energie zu geben und sie nicht weiterzuverfolgen. Taucht zum Beispiel ein Gedanke auf, der mit Wut oder mit Angst zu tun hat, sagst du dir innerlich, »da ist Wut« oder »da ist Angst«, identifizierst dich aber nicht damit und steigerst dich nicht in irgendein inneres Drama hinein, wie wir das alle so gern tun.

Prinzipiell gilt das ebenso für positive Gedanken, denn auch das Schwelgen in positiven Erinnerungen oder Tagträume von der großen Liebe bringen uns weg von der Gegenwart. Wenn wir aber positive Geisteshaltungen bewusst kultivieren, ist das eine andere Sache. Unter den Meditationen ist es vor allem die sogenannte Metta-Meditation, auch Meditation der Liebenden Güte genannt, bei der wir uns selbst und allen Lebewesen gute Wünsche schicken. Aber auch im Alltag können wir uns mehr auf Dinge konzentrieren, die uns gelingen, die uns Spaß machen oder mit denen wir anderen eine Freude machen. Wir können vermeiden, zu viele negative, beängstigende Nachrichten auf uns einströmen zu lassen oder Filme und Bücher zu konsumieren, in denen Gewalt und Negativität vorherrschen. Auch in Gesprächen mit Freunden haben wir die Chance, mehr über positive Dinge zu sprechen, anstatt unlösbare oder nicht in unserer Macht liegende Probleme der Weltpolitik wiederzukäuen. Es gibt viele Möglichkeiten, unseren Fokus zu verändern und somit die Richtung, in der unser Geist sich bewegt, zumindest etwas mehr zu beherrschen.

STELLE DIR FOLGENDE FRAGEN:

- Siehst du oft mehr Gefahren als Möglichkeiten?
- Wie kannst du Situationen schaffen, in denen du dich sicher und angstfrei fühlst?

ANREGUNGEN:

- Wähle gezielt aus, wie oft und welche Art von Nachrichten du konsumierst.
- Lenke Gespräche mit Freunden in die Richtung, was ihr gemeinsam Gutes bewirken könntet oder wie ihr euch gegenseitig unterstützen könnt.

»Wer ist dein Feind?
Der Geist ist
dein Feind. Wer ist
dein Freund?
Der Geist ist
dein Freund.
Lerne die Welt
des Geistes kennen.
Zähme ihn mit
Umsicht.«

Feind oder Freund? Dass der Geist beides sein kann, macht unsere Beziehung zu ihm manchmal etwas schwierig – und damit untertreibe ich eher. Der Geist ist ein ziemlich unzuverlässiger Freund, solange wir uns auf die Kunst, ihn zu zähmen, nicht allzu gut verstehen. Und er kann leider unser allergrößter Feind sein und uns die schlimmsten, frei erfundenen Dinge über uns selbst und andere erzählen, ohne zu erröten. Denn der ungezähmte Geist hat zur Wahrheit nicht gerade ein gutes Verhältnis. Aber wie kommt das eigentlich? Warum sollten wir uns immer wieder fragen, ob das, was wir gerade denken, wirklich wahr ist?

Wir Menschen sind Meister des Geschichtenerzählens. In jüngster Zeit wird viel von sogenannten Narrativen gesprochen, die unsere Sicht auf gesellschaftliche und kulturelle Phänomene beeinflussen. Auch unsere individuelle Biografie ist von vielen Geschichten geprägt. In jeder Familie entwickeln sich Geflechte von Erzählungen, in denen einzelnen Familienmitgliedern gewisse Charaktermerkmale, Stärken und Schwächen zugeschrieben werden. Zu diesen Familiengeschichten gesellen sich im Laufe unseres Lebens noch etliche andere Erzählungen, die durch Erfahrungen in der Schule, mit Freunden, bei der Ausbildung oder bei der Arbeit entstehen. Diese Erzählungen sind durchaus wandelbar. Je nachdem, wann und wem wir sie erzählen, fallen unsere Lebensgeschichten immer wieder ein bisschen anders aus. Unser Gehirn liebt es, Ursachen, Wirkungen und Zusammenhänge zu konstruieren, die keineswegs zwangsläufig sind, uns aber als wahr erscheinen.

Wenn du beginnst zu meditieren und deinen Geist zu beobachten, wirst du mit einer Fülle von Geschichten über dich selbst und die Welt konfrontiert. Du versuchst, dich nur auf deinen Atem zu konzentrieren, und schon melden sich allerlei Urteile und Bewertungen zu Wort: »Ich schaffe es einfach nicht, mich zu konzentrieren.« oder »Was soll das eigentlich? Ich glaube, das bringt mir nichts.« oder »Was atmet die neben mir so laut? Die will wohl auf sich aufmerksam machen.« Diese Liste ließe sich unendlich verlängern. Oberflächliche Gedanken kommen im Wechsel mit tief sitzenden inneren Überzeugungen in unser Bewusstsein. Und leider ist sehr viel Bewertendes dabei – sei es nun Negatives, Abwertendes oder Überhöhendes, Eitles. Immerzu vergleichen wir uns mit anderen und meinen, besser oder schlechter zu sein.

Wie machen wir nun diesen Geist zu unserem besten Freund? Dazu müssen wir uns klarmachen, dass unser Geist nicht identisch ist mit den Geschichten, die er erzählt, und folglich, dass wir selbst mehr sind als unsere Geschichten. Achtsamkeit ermöglicht uns, aus diesen Geschichten ein Stückchen herauszutreten und sie aus einer gewissen Distanz zu betrachten. Auf diese Weise lernen wir, das, was uns belastet, weniger zu beachten oder sogar loszulassen, und das zu stärken, was uns guttut.

»Erkenne die geistigen Zustände, welche das Bewusstsein füllen. Wandle unheilsame in heilsame um.«

Buddha sagt, dass es wesentlich von unseren Geisteszuständen abhängt, wie wir die Welt erfahren. Wenn wir unsere Gedanken beobachten, gilt es, herauszufinden, aus welchen Quellen sie sich speisen und welche Wirkung sie auf uns haben. Kommen sie aus dem Geisteszustand der Angst und machen uns innerlich hart, eng und aggressiv? Oder sind sie getragen von Mitgefühl und Wohlwollen und lassen ein Gefühl von Wärme, Entspannung und Freude entstehen? Die Geschichten, die dir weismachen wollen, wie unbegabt, ungeschickt und wenig liebenswert du bist, sind meist ziemlich hartnäckig und verschwinden nicht auf die Schnelle. Du kannst aber versuchen, sie Schritt für Schritt zu verabschieden, indem du sie mitfühlend umarmst, ohne dich mit ihnen zu identifizieren, und dann bewusst heilsame Gedanken in dir stärkst. Dabei geht es nicht darum, dir einzureden, du seist die tollste, achtsamste Person auf der Welt. Versuche einfach, dich so zu akzeptieren, wie du im Moment bist.

STELLE DIR FOLGENDE FRAGEN:

- Wer bist du in der Erzählung deiner Familie? Oder in der deiner Kollegen? In der deines Partners?
- Welche Geschichte erzählst du dir selbst am häufigsten?

ANREGUNG:

- Schreibe verschiedene Varianten deines Lebenslaufs und vergleiche sie miteinander.

WAS LEID VERURSACHT

»Geburt ist Leiden,
Alter ist Leiden,
Krankheit ist Leiden,
mit Ungeliebten
vereint sein,
von Geliebten
getrennt sein,
nicht erreichen,
was man begehrt –
all das ist Leiden.«

Da haben wir es also: Der Buddhismus ist doch eine Philosophie des Leidens. Und was der Buddha da alles aufzählt, stimmt ja auch. Es handelt sich, wenn man so will, um die existenziellen Bedingungen unseres Daseins: Wir werden geboren unter Schmerzen, erleben jede Menge Ärger, Zurückweisungen und Kränkungen psychischer und physischer Art während unseres Lebens und haben trotzdem mächtig Angst vor dem Sterben, das uns allen irgendwann bevorsteht. Daran kann niemand etwas ändern. Die Ursachen für den entscheidenden Teil unseres Leidens liegen jedoch auf einer anderen Ebene, sagt Buddha, sie sind nämlich Unwissenheit, Gier und Hass, die sogenannten »Drei Geistesgifte«.

Wir wollen die grundlegenden Bedingungen des Lebens nicht wahrhaben und sträuben uns mit Verlangen (Haben-Wollen), Abwehr (Nicht-haben-Wollen) oder Verleugnung (Nicht-wahrhaben-Wollen) gegen die Realität. Wir tun so, als wären wir unsterblich, als könnten wir Situationen festhalten, die ebenso vergänglich sind wie wir selbst, als könnten wir die Kontrolle über dieses Leben erlangen, doch sie entgleitet uns stets. Erstaunlich, wie sehr nicht nur Individuen, sondern ganze Gesellschaften und Kulturen es immer wieder schaffen, existenzielle Wahrheiten zu leugnen und Erzählungen zu erfinden, mit denen wir uns vom Gegenteil zu überzeugen versuchen. Erstaunlich vor allem auch deshalb, weil wir so eine ganze Menge Leid kreieren, das gar nicht nötig wäre, wenn wir akzeptieren würden, wie die

Dinge sind – und das heißt im Wesentlichen: vergänglich. Alles, was wird, vergeht. Wir können nichts festhalten und neben dem Schmerz, der dadurch zweifelsohne immer wieder entsteht, hat das durchaus positive Seiten. Denn nicht nur die schönen, angenehmen Dinge verschwinden, auch die leidvollen, unangenehmen sind nicht von Dauer. Alles kommt und geht, und Buddha fordert uns dazu auf, das Leben in seiner Gänze mit seinen Freuden, seinem Glück, aber auch seiner Traurigkeit und seinem Schmerz anzunehmen. Denn nur so haben wir die Chance, einen inneren Frieden zu finden, der nicht von äußeren Bedingungen abhängig ist. Dazu eine klassische buddhistische Geschichte:

DIE LEHRE DER SENFKÖRNER

Amisha, eine junge Inderin, hatte einen Sohn, den sie sehr liebte und der im Alter von drei Jahren plötzlich verstarb. Vor Schmerz halb verrückt rannte sie mit ihrem toten Kind in den Armen von Haus zu Haus und bat um eine Medizin, die es wieder lebendig machen könnte. Aber freilich konnte ihr keiner helfen. Als sie zum Buddha kam, blickte er sie voller Mitgefühl an und versprach, ihr zu helfen. Zuvor brauche er aber eine Handvoll Senfkörner. »Geh von Haus zu Haus und bringe mir aus jedem Haus, in dem noch nie jemand gestorben ist, ein Senfkorn mit«, lautete seine Anweisung. Natürlich gab es kein Haus, in dem nicht Ehepartner, Eltern oder Kinder verstorben waren. Am Ende des Tages war Amishas Geist wieder klar. Sie hatte erkannt, dass kein Haus von Verlust, Tod und Trauer verschont geblieben war und dass ihre Trauer über den Verlust ihres Kindes nun einmal zum Leben gehört, so hart dieser Schicksalsschlag sie auch traf. Sie sprach zum Buddha: »Danke, ich habe die Lehre mit den Senfkörnern verstanden.«

Diese Geschichte soll uns nicht etwa kaltherzig machen gegenüber psychischem Leid, in diesem Fall dem Verlust eines Kindes. Gleichmut, Gelassenheit oder innerer Frieden entstehen nicht, weil wir gleichgültig werden. Im Gegenteil. Die große Herausforderung besteht darin, Glück und Trauer gleichermaßen in seinem Herzen umarmen und beherbergen zu können. Das Herz eines Buddhas ist voller Mitgefühl, Dankbarkeit und Weisheit und nimmt das an, was sowieso nicht zu ändern ist.

Ein Ziel der Lehre Buddhas ist es, das Reiz-Reaktions-Schema, das uns dazu bringt, an angenehmen Dingen festhalten und unangenehme Dinge weghaben zu wollen, zu überwinden. Wir verändern dadurch nicht die äußere Situation, sondern unsere Art, mit ihr umzugehen. Das ist nicht einfach, erspart uns jedoch viel selbst verursachtes Leid, wenn wir zumindest versuchen, in diese Richtung zu gehen.

STELLE DIR FOLGENDE FRAGEN:

- Haderst du oft mit Situationen, an denen du nichts ändern kannst?
- Lässt du dich eher von Verlangen oder von Abwehr antreiben?

ANREGUNG:

- Wenn du merkst, dass du emotional befangen bist, frage dich, ob du an der Situation etwas ändern kannst. Wenn nicht, versuche loszulassen.

»Wo auch immer
ein Begehren ist,
da findest du Leiden.
Wenn das Begehren
aufhört, bist du
frei vom Leiden.
Nicht-Begehren
ist der Weg
zur Wahrheit.«

Die Gier gilt im Buddhismus als das erste und größte Hindernis auf dem Weg zu innerem Frieden. In den alten Schriften wird sie auch als Wollen, Begehren, Verlangen oder Durst bezeichnet. Sinneslust, Sucht und Sehnsucht fallen ebenfalls unter diese Kategorie. Keiner von uns ist frei davon, denn ohne Begehren wären wir gar nicht erst am Leben. Und kaum sind wir auf der Welt, ist das Wollen die treibende Kraft, die uns im positiven Sinne motiviert, unsere Umgebung zu erkunden und möglichst viele angenehme Sinneseindrücke zu erhaschen. Im negativen Sinne schränkt die Gier unsere Freiheit durch ihre Unersättlichkeit aber immens ein. Sie verführt uns mit Trugbildern, die Zufriedenheit, Wohlbefinden und Glück versprechen, und trübt unsere Wahrnehmung gewaltig. Wir bilden uns ein, etwas unbedingt – und zwar sofort! – haben zu müssen, und handeln nicht aus freiem Willen, sondern zappeln wie ein Fisch am Angelhaken unserer Gier. Wir bestellen den Pullover, obwohl wir genug zum Anziehen haben; wir »gönnen« uns Süßigkeiten, obwohl wir uns vorgenommen hatten, abzunehmen und uns gesünder zu ernähren; wir kaufen ein neues Handy, obwohl das alte noch funktioniert und wir sparen wollten. Und das Allerschlimmste daran: Die erhoffte Befriedigung tritt, wenn überhaupt, nur kurzfristig ein und dann beginnt das Spiel von vorn! Da der Kick in unserem Belohnungszentrum nur von kurzer Dauer ist, haben wir danach auch noch ein schlechtes Gewissen. Fazit: Wenn wir nicht versuchen, dem

Diktat der Gier Einhalt zu gebieten, stehen wir ständig unter Stress und werden immer unfreier, aber gewiss nicht glücklicher.

Das soll keine Aufforderung zur Askese sein. Es geht nicht darum, sich nichts mehr zu gönnen, sondern darum, frei zu entscheiden, was uns wirklich guttut. Dazu müssen wir den Automatismus des Reiz-Reaktions-Schemas »Das will ich haben! Das kaufe ich sofort!« durch achtsame Wahrnehmung unterbrechen und unsere Gier so kanalisieren, dass sie uns nicht mehr schadet oder, wie Buddha das ausdrückt:

> »So wie der Acker verdorben wird durch Unkraut,
> wird der Mensch verdorben durch seine Gier.«

Ich habe eine Zeit lang regelmäßig in einem kleinen Ort auf einer wenig touristischen griechischen Insel meinen Urlaub verbracht. Wir wohnten dort in einem einfachen, ruhigen Studio mit Blick über die Macchia auf das Meer und hatten nur wenige Kleidungsstücke und ein paar Bücher dabei. Im Ort gab es einen kleinen Lebensmittelladen und drei Tavernen. Das Meer glitzerte türkisfarben, die Macchia verströmte ihren würzigen Geruch nach Sommer und Wärme, morgens hörten wir, wie ein Schäfer durch das Tal zog, abends zirpten die Zikaden. Das war alles – und es war wunderbar! Es fehlte mir nichts. Wahrscheinlich hast du schon einmal ähnliche Erfahrungen gemacht in einer Umgebung mit wenig äußeren Sinnesreizen. Wenn du dann noch dein Handy weglegst und nicht auf Social Media unterwegs bist, spürst du nach relativ kurzer Zeit, was für einen ungeheuer beruhigenden Effekt diese Reizreduktion auf dich hat. Solch ein Gefühl im Alltag herzustellen, ist nicht einfach.

Überall lauert die Verführung durch die allgegenwärtige Werbung auf verschiedenen Kanälen. Aber auch unsere Neigung, uns mit anderen zu vergleichen oder gar mit ihnen zu konkurrieren, befördert unser Verlangen und unsere Unzufriedenheit. Deshalb brauchen wir viel Achtsamkeit – und Geduld mit uns selbst –, um dem Getriebensein durch unsere Gier wenigstens teilweise zu entkommen.

Was dabei helfen kann, ist, dafür zu sorgen, dass du deine heilsamen, gesunden Bedürfnisse nach Nähe, erfüllenden Tätigkeiten, nährenden Gesprächen, körperlicher Bewegung, Inspiration und Kreativität befriedigst. Was ist es, was dich wirklich nährt? Wenn du das herausfindest, werden Frustkäufe, Frustessen oder andere Kompensationsversuche immer weniger nötig.

STELLE DIR FOLGENDE FRAGEN:

- In welchen Situationen bist du besonders anfällig dafür, von deiner Gier gesteuert zu werden, und was sind die Objekte deiner Begierde?
- Was kannst du tun, um aus dem Teufelskreis auszubrechen?

ANREGUNGEN:

- Verbringe viel Zeit an Orten in der Natur, die dir ein Gefühl von natürlicher Fülle vermitteln.
- Nimm dir vor, deinem Verlangen nicht mehr spontan zu folgen, sondern in einer Pause nachzuspüren, ob du das wirklich möchtest. Belohne dich dafür, wenn du die Gier loslassen konntest.

»Das Leben ist kein Problem, das es zu lösen, sondern eine Wirklichkeit, die es zu erfahren gilt.«

Wenn du gerade mit Schwierigkeiten kämpfst und nicht weißt, wie es weitergehen soll, kommt dir dieses Zitat vermutlich wie blanker Hohn vor. »Ich habe genug Erfahrungen mit Problemen«, wirst du dir denken, »ich brauche verdammt noch mal Lösungen dafür.« Doch der Buddha meint nicht, dass du vor Problemen kapitulieren sollst. Im Gegenteil. Er fordert uns auf, das, was wir als Problem empfinden, nicht als solches zu bewerten, sondern neutral als gegenwärtige Wirklichkeit wahrzunehmen.

Die momentane Wirklichkeit weder als gut noch als schlecht zu bewerten, bedeutet nicht, dass es immer so bleiben soll, wie es gerade ist. Buddha meint vielmehr, dass wir sie weder leugnen sollten im Sinne von »Ich sehe kein Problem. Alles bestens!« noch dem irrigen Glauben anhängen sollten, wir könnten unser Leben kontrollieren und alle Probleme lösen nach dem Motto: »Wäre doch gelacht, wenn ich das nicht in den Griff kriege!« Nur wenn wir erkennen und akzeptieren, wie die Dinge – im Moment – nun mal sind, können wir selbst in schwierigen Situationen zur Ruhe kommen und inneren Frieden finden. Und genau darum geht es.

Und selbst wenn dir ein Problem heute riesengroß erscheint, heißt das nicht, dass es morgen auch noch so sein wird. Jeder von uns hat diese Erfahrung bereits mehrfach gemacht hat. Trotzdem vergessen wir diese einfache Wahrheit in schwierigen Situationen meist. Viele Menschen neigen zum Katastrophisieren. Kaum haben wir eine Ahnung, dass etwas schieflaufen könnte, malen wir uns den schlimmsten Verlauf in den grellsten Farben aus – und letztlich passiert nichts dergleichen, außer dass wir uns selbst und unsere Umwelt in Aufruhr versetzt haben. Wir stellen uns vor, wie wir während eines Vortrags einen Blackout bekommen und dies das Ende unserer Karriere einläutet. Wenn uns der Bus davonfährt, sind wir überzeugt davon, dass wir den Anschlusszug ebenfalls verpassen werden, eine wichtige Verabredung nicht einhalten können und große Schwierigkeiten bekommen. Vielleicht gelingt es dir ja beim nächsten Mal in einer solchen Situation, tief durchzuatmen und dir vor Augen zu führen, wie oft du bereits erlebt hast, dass ein Problem dir riesengroß erschienen war, du die Katastrophe schon auf dich zukommensahst und das Ganze sich dann in Wohlgefallen auflöste. Tatsächlich hat es nur in deinem Kopf existiert.

Um den aufgeregten Geist zu beruhigen, hilft außerdem eine anderes »Rezept« des Buddhas:

»Wenn du ein Problem hast,
versuche, es zu lösen. Kannst du es nicht lösen,
dann mache kein Problem daraus.«

Nehmen wir das Beispiel des verpassten Busses. Kannst du ein Taxi zur Bahn nehmen? Möglicherweise genügt es, deine Verabredung vorzuwarnen, dass es später wird. Wenn all das nicht geht, atme tief durch und finde dich mit der Situation ab. Vielleicht ergibt sich daraus sogar etwas unerwartet Positives. Dein Geist will dir weismachen, er könne in die Zukunft schauen. Glaube ihm nicht!

Manchmal ist es sogar sinnvoll, sich mit vermeintlichen Problemen anzufreunden, wie es beispielsweise die folgende Geschichte nahelegt:

DER RAT DES WEISEN GÄRTNERS

Die Tochter eines reichen Kaufmanns liebte und pflegte Garten hingebungsvoll. Die bunten Beete waren ihr ganzer Stolz. Doch was auch immer sie versuchte, es gelang ihr nicht, die lästigen Gräser, die zwischen den Beeten wuchsen, zu beseitigen. Schließlich wandte sie sich an einen erfahrenen alten Gärtner, schilderte ihm ihr Problem und erzählte, was sie schon alles unternommen hatte. »Wenn das so ist«, sagte der weise Gärtner, »kann ich dir nur einen Rat geben: Lerne, die Gräser zu lieben.«

STELLE DIR FOLGENDE FRAGEN:

- Wie oft machst du dir Sorgen, die sich hinterher als unnötig herausstellen?
- Mit welchen sogenannten Problemen könntest du dich vielleicht anfreunden?

ANREGUNG:

- Mache eine Liste mit zwei Spalten. In die linke Spalte kommen die Probleme, die du angehen kannst. In die rechte Spalte diejenigen, die es als zumindest momentane Realität anzuerkennen gilt.

»Zwei Dinge
sollst du meiden,
o Wanderer:
die zwecklosen
Wünsche und die
übertriebene
Kasteiung
des Leibes.«

Wahrscheinlich hast du schon einmal gehört, dass die Lehren Buddhas als der Mittlere Weg oder Pfad bezeichnet werden. Werfen wir nun einen kurzen Blick auf das Leben Buddhas, um besser zu verstehen, was es damit auf sich hat: Siddhartha Gautama entstammte einer reichen nordindischen Adelsfamilie und wuchs behütet, fern aller Sorgen auf. Der Legende nach unternahm er im Alter von 29 Jahren vier Ausfahrten, auf denen er mit den großen menschlichen Ursachen für Leiden konfrontiert wurde: mit Krankheit, Alter, Tod und Schmerz. Bei der vierten Ausfahrt begegnete er einem Asketen und folgte diesem in der Hoffnung, durch radikale Askese dem Leiden zu entkommen und Antworten auf seine existenziellen Fragen zu finden. Dem Hungertod nah, beschloss er nach sechs Jahren, in denen er dem ersehnten inneren Frieden nicht nähergekommen war, einen anderen Weg einzuschlagen. Als besitzloser Wanderer übte er sich in Meditation, aber nicht mehr in strenger Askese. Fortan mied er die Extreme und nannte seinen Weg den Mittleren Pfad.

Diesem Weg zu folgen, bedeutet also nicht, allem zu entsagen und sich ganz aus der Welt zurückzuziehen. Es geht vielmehr darum, in dieser unvollkommenen Welt eine Balance zu finden und geistige Qualitäten wie Mitgefühl, Geduld und Großzügigkeit zu entwickeln. Du musst deine Wünsche also nicht ablehnen wie radikale Asketen. Wichtig ist vor allem, dass du prüfst, ob ihre Erfüllung überhaupt möglich und heilsam für dich und andere ist. Um im Gleichgewicht zu bleiben, ist es außerdem förderlich, bewusst auf bestimmte Dinge zu verzichten, sich aber nicht unnötig zu kasteien und seine Gesundheit zu gefährden.

Widmen wir uns zunächst den zwecklosen Wünschen: Wir lachen oft über Kinder, die sich wünschen, zaubern zu können wie Harry Potter oder ein Pferd in der Küche zu halten wie Pippi Langstrumpf. Aus der Nähe betrachtet sind unsere Wünsche oft genauso realitätsfern wie diese Kinderfantasien. Wir wollen anders sein, anders aussehen oder über andere Fähigkeiten verfügen, als dies tatsächlich der Fall ist. Mit 55 Jahren möchten wir genauso jung und faltenlos aussehen oder genauso fit und belastbar sein wie mit 25 – ganz nach dem Motto »forever young«, wie es uns die Werbung vorgaukelt. Von unseren Partnern oder Kindern wünschen wir uns Veränderungen, die ihnen nicht entsprechen. Wir malen uns aus, wie glücklich wir wären, wenn wir viel Geld hätten, einen anderen Beruf oder andere Eltern. Bei unseren Mitmenschen erkennen wir oft sofort, wenn sie sich durch unrealistische Wünsche blockieren. Wir sehen glasklar, wie diese Wünsche sie daran hindern, wertzuschätzen, was möglich ist und was sie bereits haben. Dies bei uns selbst wahrzunehmen und uns von unproduktiven Wünschen zu verabschieden, fällt uns deutlich schwerer. Es kann sogar ziemlich schmerzhaft sein – dafür aber umso befreiender, wenn es gelungen ist. Denn auf die Ent-Täuschung kann die Erkenntnis folgen, dass wir nichts weiter brauchen, um glücklich zu sein, wie Buddha das formuliert hat:

»Du, der reichste Mensch auf Erden,
mühst dich seit anfangloser Zeit und begreifst nicht,
dass du alles, was du suchst, bereits besitzt.«

Was die Selbstkasteiung angeht, von der im Anfangszitat die Rede ist, sind ein gesundes Maß an Selbstdisziplin und die Bereitschaft, auf Dinge zu verzichten, sicher förderlich für unsere persönliche Entwicklung. Das heißt aber nicht, dass wir uns Dinge versagen sollten, die wichtig für unsere Gesundheit und unser Wohlbefinden sind. Selbstdisziplin darf nicht ausarten in Selbstbestrafung oder gar Selbstzerstörung. Solltest du dazu neigen, zu streng und erbarmungslos mit dir zu sein, versuche, deine positiven Eigenschaften wertzuschätzen und zu stärken und dir Wünsche zu erfüllen, die dir guttun. Du hast es verdient, dir mit Respekt und Achtung, liebevoll und mitfühlend zu begegnen – genauso wie alle anderen Wesen auf dieser Erde!

STELLE DIR FOLGENDE FRAGEN:

- Gibt es unsinnige Wünsche, die du mit dir herumträgst? Was brauchst du, um sie loslassen zu können?
- Wo versagst du dir Dinge, Kontakte oder Handlungen, die dir guttun würden?

ANREGUNG:

- Lass den Schmerz zu, wenn du dich von einem Wunsch verabschiedest, und schenke dir dein ganzes Mitgefühl.
- Belohne dich mit etwas, das dein Herz berührt, das dir wirklich Freude bereitet.

»Wir glauben
an unsere
Unwandelbarkeit, doch
wir sind unbeständig.
Wir glauben an unsere
Sicherheit, doch wir
sind nicht sicher.
Wir glauben, dass wir
ewig leben, doch dies
ist nicht der Fall.«

Nicht genau zu wissen, wie sich die Dinge entwickeln werden, bereitet uns Mitteleuropäern große Sorgen. Lange Zeit erschien es uns fast schon selbstverständlich, dass das Leben planbar, ja, versicherbar ist. Natürlich taten sich immer wieder Risse auf in diesem vermeintlichen Sicherheitsnetz. Der Anspruch, nichts dürfe unsere Pläne durchkreuzen, stieg trotzdem. Globale Ereignisse wie die Coronapandemie, die Klimakatastrophe und der Angriffskrieg Russlands auf die Ukraine erschüttern unser Gefühl, alles im Griff zu haben. Weil nicht sein kann, was nicht sein darf, verschließen viele ihre Ohren und Augen, anstatt zu erkennen, dass Unsicherheit kein Sonderfall, sondern der Normalfall im Leben ist.

Macht Ungewissheit dir Angst? Wählst du lieber die Sicherheit als das Risiko? Daran ist grundsätzlich nichts verkehrt. Alle Wesen streben nach Sicherheit und Geborgenheit. Nichts spricht dagegen, unseren Kindern so viel Geborgenheit zu geben wie möglich. Vereinbarungen, die wir in einer Partnerschaft, mit Freunden oder Arbeitgebern treffen, vermitteln uns Sicherheit. Auch die Sangha, wie man buddhistische Gemeinschaften nennt, bietet einen klaren Rahmen von Zugehörigkeit. Diese Art von Verbundenheit trägt uns und ist eine Basis, von der aus wir hinaus ins unbekannte Leben gehen können.

Wie stark aber insbesondere die »German Angst« ist, fällt mir immer wieder auf, wenn ich von Reisen in Länder zurückkomme, in denen Unsicherheit das Leben deutlich mehr bestimmt als bei uns, die Menschen aber scheinbar weniger Angst davor haben. Warum ist das so? Vielleicht, weil wir meinen, mehr zu verlieren zu haben? Oder weil unser Herz an so vielen Dingen hängt? Haben es Menschen, die weniger besitzen, leichter? In gewisser Hinsicht schon, doch das soll nicht heißen, dass Armut das Problem lösen würde. Es geht ja auch keineswegs nur um materielle Dinge, die wir festhalten möchten. Veränderungen machen uns Angst: Unsere körperlichen und geistigen Fähigkeiten und Möglichkeiten wachsen und schwinden im Laufe unseres Lebens. Freundschaften entstehen und zerbrechen aus unterschiedlichsten Gründen. Unsere Umgebung verändert sich und vieles, was uns einst begeistert hat, langweilt uns mittlerweile. Dieser Wandel geht fast unmerklich vor sich oder bricht plötzlich und schmerzhaft über uns herein. Wir wissen es nicht und können es weder kontrollieren noch aufhalten, sosehr wir uns auch darum bemühen mögen. Wie wäre es also, wenn wir versuchen würden, uns damit anzufreunden?

»In dem Maße, in dem wir aufhören,
gegen Unsicherheit und Ungewissheit anzukämpfen,
in dem Ausmaß löst sich unsere Furcht auf.«

Pema Chödrön, eine buddhistische Nonne, Lehrerin und Buchautorin, von der dieses Zitat stammt, sagt, dass wir unsere Energie anderweitig einsetzen können, wenn wir Unsicherheit und Ungewissheit als Teil des Lebens akzeptieren. Denn den Kampf gegen die Ungewissheit können wir nicht gewinnen. Im Gegenteil, wir verlieren ihn täglich, indem wir uns Sorgen machen und ängstigen oder indem wir versuchen, an etwas festzuhalten, was nicht festzuhalten ist, anstatt es loszulassen. Das ist einfacher gesagt als getan – zumal es beim Loslassen nicht um ein Tun, sondern um ein Lassen geht. Und das fällt uns bekanntermaßen besonders schwer!

Was also können wir tun? Da gibt es den Weg der Erkenntnis: Buddhistische Lehrer empfehlen, sich regelmäßig mit der Unsicherheit und Vergänglichkeit des Lebens zu beschäftigen, um den Täuschungen, die dies leugnen wollen, nicht mehr auf den Leim zu gehen. Ebenso wichtig ist der Weg des Mitgefühls: Das bedeutet, dass wir unsere Furcht vor der Unsicherheit nicht nur erkennen und versuchen, loszuwerden, sondern sie mitfühlend als Teil von uns anerkennen, dem wir aber keine Macht mehr zugestehen, unser Leben zu bestimmen.

STELLE DIR FOLGENDE FRAGEN:

- Wovor hast du am meisten Angst, dass es sich ändern könnte, und was könnte im schlimmsten Fall passieren?
- Welche positiven Erfahrungen hast du schon damit gemacht, dass sich etwas geändert hat, du etwas verloren hast, wovor du Angst gehabt hattest?

ANREGUNGEN:

- Schreibe auf, welche Situationen der Unsicherheit du bereits gut bewältigt hast.
- Mach dir Gedanken darüber, welche positiven Aspekte Unsicherheit im Leben haben könnte.

»Jedes Leben
hat ein Maß
an Leid.
Manchmal
bewirkt eben
dies Erwachen.«

Klar, Leid ist nicht gerade das, was wir uns wünschen – weder für uns selbst noch für unsere Familie oder unsere Freunde. Und doch trifft es jeden, auch wenn wir manchmal vermuten, es gäbe Menschen, die sich nur auf der Sonnenseite des Lebens vergnügen. Das Maß freilich, in dem das Leid uns trifft, ist sehr unterschiedlich, und das mögen wir als ungerecht empfinden. Doch hilft uns das weiter?

Manche vereinfachen das buddhistische Karma-Konzept, indem sie das Unglück eines Menschen auf schlechte Taten in einem früheren Leben zurückführen. Damit meinen sie, eine Antwort auf die Frage nach dem Warum gefunden zu haben. Besonders hilfreich erscheint mir das nicht, und zwar weder für diejenigen, die das Unglück trifft, noch für deren Umfeld. Wesentlich weiter kommen wir meiner Erfahrung nach mit drei Geisteshaltungen, die im Buddhismus von zentraler Bedeutung sind: Akzeptanz, Mitgefühl und die Bereitschaft, aus schwierigen Situationen zu lernen.

Beginnen wir mit der Akzeptanz: Es ist, wie es ist, die Dinge sind, wie sie sind – völlig egal, ob es dafür eine nachvollziehbare Ursache gibt oder nicht. Wenn es uns gelingt, die Dinge so anzunehmen und aufzuhören, dagegen zu kämpfen, ist ein erster Schritt getan, um unser Leiden zu verringern. Es mag in deinen Ohren absurd klingen, aber tatsächlich ist Akzeptanz die beste Voraussetzung dafür, dass sich etwas verändern kann. Du darfst Akzeptanz allerdings nicht verwechseln mit Fatalismus oder

Schicksalsergebenheit. Etwas zu akzeptieren heißt auch nicht, es für gut zu befinden. Wenn ich zum Beispiel bei einem Autounfall verletzt werde, muss ich das natürlich nicht freudig begrüßen. Es ist aber nun mal passiert und ich kann es nicht dadurch rückgängig machen, dass ich damit hadere, wie ungerecht es ist, dass ausgerechnet mir das passieren musste, oder indem ich dem Verursacher des Unfalls alles Schlechte wünsche. Einfluss habe ich nur darauf, wie ich mit der aktuellen Situation umgehe.

Damit kommen wir zur zweiten Qualität, die hilfreich sein kann: zum Mitgefühl. Während die Akzeptanz mehr in der Verstandesebene wurzelt, ist das Mitgefühl eine Qualität des Herzens. Beide be- oder verurteilen nicht, aber das Mitgefühl sorgt darüber hinaus für emotionale Wärme und liebevolles Verständnis. Wenn wir bei dem Beispiel des Autounfalls bleiben, kann das heißen, dass ich mich liebevoll um mich kümmere und mir von anderen helfen lasse. Diese Herzensqualität ist unglaublich wichtig, weil sie zur Heilung auf einer emotionalen Ebene beiträgt.

Wie können wir uns nun die Verbindung von Leiden und Erwachen vorstellen, wie sie in dem Zitat von Buddha angesprochen wird? Von Milarepa, dem größten Mystiker Tibets, sind die folgenden Worte überliefert:

> »Wenn man alles, was einem begegnet, als Möglichkeit zu innerem Wachstum ansieht, gewinnt man innere Stärke.«

Und so meint es auch Buddha, wenn er über das Leid sagt: »Manchmal bewirkt eben dies Erwachen.« Wir sollten uns also nicht fragen: Warum geschieht mir dieses Leid? Sondern vielmehr: Was könnte ich daraus lernen? Was lehrt mich diese schwierige Situation? Wozu könnte das gut sein?

Um dein Leben so zu betrachten, musst du nicht an irgendwelche höheren Mächte glauben, die dir Aufgaben stellen. Lass einfach mal in Gedanken deine Lebensgeschichte und deine Entwicklungsschritte Revue passieren oder beschäftige dich mit Biografien bekannter Menschen. Nein, nicht aus jedem Leid, aus jedem Schmerz gehen wir gestärkt hervor. Das behauptet auch der Buddha nicht. Aber es besteht die Chance, daran zu wachsen. Und wenn wir zurückblicken, stellen wir fest, dass es oft Krisen waren, die uns weitergebracht haben, weil wir aus ihnen etwas über uns selbst und über das Leben gelernt haben.

In Tibet gibt es ein traditionelles Gebet, in dem die Betenden darum bitten, dass ihnen das Maß an Problemen und Schwierigkeiten geschickt werden möge, das sie zu meistern in der Lage sind. Ist das nicht eine schöne Vorstellung? Vielleicht hilft sie dir, wenn du gerade eine leidvolle Phase in deinem Leben durchmachst.

STELLE DIR FOLGENDE FRAGEN:

- Hast du oft Schwierigkeiten, die Dinge so zu akzeptieren, wie sie sind?
- Welche Krisen in deinem Leben haben dich weitergebracht und geprägt?

ANREGUNG:

- Beschäftige dich mit dem Leben bekannter Persönlichkeiten und den Schwierigkeiten, die sie zu bewältigen hatten, um zu denen zu werden, die sie sind oder waren.

»Kettet euch nicht
wie Sklaven an das
Schöne. Doch kettet
euch auch nicht
an das Leiden.
Alles ist im Wandel,
beides vergeht.
Alles Geschaffene
ist vergänglich.«

Würde die Zeit doch jetzt stehen bleiben! Das denken wir manchmal in besonderen Momenten, in denen uns alles perfekt erscheint und wir im wahrsten Sinne des Wortes wunschlos glücklich sind. Jeder kennt das aus Phasen der Verliebtheit, aus Urlaubssituationen oder intensiven Naturerfahrungen. Natürlich wissen wir, dass das nicht möglich ist, und tief in uns ahnen wir auch, dass es dann, wenn es andauern würde, gar nicht mehr so schön wäre. Denn jeder äußere Reiz – und sei er noch so angenehm – flacht ab, wird zur Gewohnheit, langweilig und kaum noch spürbar, wenn er lange anhält. Ein ständiges Hochgefühl gibt es nicht. Unser Leben und unsere Gemütsverfassungen verlaufen in Wellen.

Wer stets auf der Jagd nach Intensität ist, braucht immer mehr, immer stärkere Empfindungen und gelangt doch nie an den Punkt, an dem er dauerhaft befriedigt wäre. Keine Liebesbeziehung, kein Sport, keine Arbeit, kein Hobby vermögen ein dauerhaftes Glücksgefühl hervorzurufen. Wenn wir verhindern wollen, ständig zwischen Hochgefühlen und Tälern tiefer Enttäuschung oder Frustration hin- und herzuschwanken, müssen wir lernen, eine Form des inneren Friedens, der Ausgeglichenheit oder Gelassenheit zu erlangen, damit die Ausschläge dieser Bewegungen kleiner werden.

Es ist ein verbreitetes Missverständnis, zu glauben, Buddhisten oder Menschen, die meditieren oder Achtsamkeit praktizieren, hätten keinen Spaß mehr im Leben, sondern würden nur gleichmütig dahinleben. So ist es nicht. Sie versuchen aber, immer weniger festzuhalten. Im Buddhismus sagt man: Ihre Anhaftung an Dinge, Situationen und äußere Bedingungen wird geringer. Und deshalb leiden sie deutlich weniger an den Veränderungen und Wandlungen, die unser menschliches Leben nun einmal kennzeichnen. Buddha drückte das so aus:

> »In steter Veränderung ist diese Welt. Wachstum und Verfall sind ihre wahre Natur. Die Dinge erscheinen und lösen sich wieder auf. Glücklich, wer sie friedvoll einfach nur betrachtet.«

Auch ohne Anhaftung können wir einen wunderbaren Sonnenuntergang auf den Bergen, einen Tag am Meer oder eine schöne Liebesnacht intensiv genießen. Der Unterschied besteht lediglich darin, dass wir nicht in ein Loch fallen, wenn es vorbei ist. Das ist eine Herausforderung, ohne Zweifel, und wer nicht schon kurz vor der Erleuchtung ist, wird immer wieder mit dem Impuls des Festhalten-Wollens konfrontiert werden. Das ist einfach so. Du kannst aber versuchen, die damit einhergehende Traurigkeit, Enttäuschung oder Frustration nicht zu verurteilen, und dabei beobachten, wie diese Gefühle schwächer werden, wenn du sie nicht nährst. Denn das wird geschehen. Das ist gewiss!

Außer – und damit wären wir beim zweiten Teil des Zitats – wir halten am Leiden fest. Klingt erst mal komisch, ist aber weitverbreitet! Natürlich dürfen wir trauern, wenn ein geliebter Mensch stirbt, ein Partner sich von uns trennt, oder Enttäuschung empfinden, wenn wir ungerecht behandelt worden sind. Doch manchmal richten wir uns regelrecht ein in diesen Gefühlen und können die Gegenwart und deren Schönheit überhaupt nicht mehr wahrnehmen. Wir identifizieren uns ganz und gar mit dem Gefühl der Trauer, des Verlassenwordenseins oder der Enttäuschung und können es nicht mehr loslassen. Buddha sagte dazu:

> »Es ist nicht das Leiden, das dich festhält.
> Du hältst das Leiden fest.«

Gerade in emotional schwierigen Situationen ist es deshalb wichtig, immer wieder im gegenwärtigen Moment anzukommen, ruhig zu atmen und zu versuchen, ein bisschen Distanz zwischen sich und seine belastenden Gefühle zu bringen. Ja, da ist Trauer, aber da ist vielleicht auch ein angenehmes Gefühl beim Atmen oder der Duft von Blumen, der Geschmack eines guten Cappuccinos erfreut dich und fühlt sich zumindest ein bisschen an wie Glück. Denn auch dies ist gewiss: Der Schmerz wird weniger werden und vorbeigehen – ebenso wie die schönen Situationen oder Dinge!

STELLE DIR FOLGENDE FRAGEN:

- Neigst du dazu, dem Vergangenen nachzuhängen?
- Woran hängst du mehr? Am Schönen oder am Schmerzlichen?

ANREGUNG:

- Beobachte den ständigen Wandel in der Natur.
- Überlege dir, welche Veränderungen allein im letzten Jahr in deinem Leben vor sich gegangen sind.

»Ein Augenblick
der Geduld kann
vor großem Unheil
bewahren.
Ein Augenblick
der Ungeduld ein
ganzes Leben
zerstören.«

Hältst du das für übertrieben? So ein bisschen Ungeduld soll ein ganzes Leben zerstören können? Okay, darüber lässt sich streiten. Dass Ungeduld aber Situationen deutlich erschweren und Beziehungen geradezu vergiften kann, erscheint mir unbestreitbar. Schauen wir uns das Phänomen Ungeduld einmal näher an, um zu verstehen, wodurch sie entsteht und wie wir damit umgehen können.

In der buddhistischen Psychologie wird die Ungeduld dem Unruhegeist zugeordnet. Jeder kennt diesen Geist, der sich nicht nur in konfusen Gedanken und einer schwer definierbaren, unangenehmen Gefühlslage, sondern auch körperlich äußert. Mir gefällt der Begriff »fahrig« für dieses Befinden, weil er ausdrückt, dass Körper und Geist sich nicht niederlassen und nicht zur Ruhe kommen können. Wer fahrig ist, lässt sich leicht ablenken, ist zerstreut, unaufmerksam, nervös und zappelig. Am liebsten möchte er vor sich selbst davonlaufen.

Solange wir in dieser Geistesverfassung allein sind, gehen wir am meisten wohl uns selbst auf die Nerven, können aber auch alles Mögliche anrichten. Wer kennt nicht die Situation, dass man eilig aufbrechen und auf dem Weg zur Arbeit noch dies und jenes erledigen möchte. Schon an der Garderobe geht es damit los, dass der Reißverschluss des Mantels klemmt, weil der Schal darin festhängt. Auf der Treppe reißt die Mülltüte, die wir unachtsam aus dem Mülleimer gerissen und dabei beschädigt haben, sodass wir wieder zurückgehen müssen in die Wohnung, um ein Kehrblech zu holen und die ganze Bescherung zu beseitigen. Nachdem wir dies erledigt haben und endlich losgehen wollen, klingelt das Handy. Noch während wir rangehen und die Wohnungstür zuwerfen, wird uns klar, dass wir den Schlüssel drin liegen gelassen haben. Ich erspare dir eine Beschreibung, wie ein solcher Tag weitergehen könnte.

Die Folgen unserer Ungeduld sind meist nicht dramatisch, bewirken jedoch genau das Gegenteil dessen, was wir erreichen wollten. Am Ende des Tages haben wir zwar einiges erledigt, aber auch viel verbockt und uns unnötige, zusätzliche Aufgaben geschaffen – ganz abgesehen davon, dass wir anderen auf die Nerven gegangen sind. Der Buddha sagt:

»Geduld ist die höchste Form der Praxis.
Durch sie erlangen wir letztlich Erleuchtung.«

Ungeduld zu überwinden, gilt also im Buddhismus als großes Ziel. In unserer Gesellschaft wird Ungeduld seltsamerweise gar nicht so negativ bewertet. Erwähnt jemand in einem Bewerbungsgespräch, er sei ungeduldig, und bewirbt sich nicht gerade auf eine Stelle in einer Kita oder einen Pflegeberuf, wird das eher als hohe Leistungsbereitschaft interpretiert. Wir glauben, jemand, der ungeduldig ist, wolle die Dinge möglichst schnell voranbringen und trödle nicht herum. Kein Wunder also, dass es vielen Menschen so schwerfällt, ihren Unruhegeist zu besänftigen, wenn Schnelligkeit, kurzfristiger Erfolg und Multitasking in unserer Gesellschaft so positiv gesehen werden.

Wie aber kommen wir denn nun raus aus diesem Strudel der Unruhe und Ungeduld? Es nämlich gar nicht so einfach, den Unruhegeist zu bändigen, der sich verhält wie ein Kind oder ein Haustier, das unbedingt sofort etwas haben oder machen möchte. Mir selbst hilft es manchmal, meine Ungeduld als ein kleines, unruhiges Wesen zu betrachten und ihm liebevoll, aber auch konsequent Einhalt zu gebieten. Ich verspreche ihm dann eine Belohnung, wenn es erst mal Ruhe gibt und mich eine Sache zu Ende bringen lässt.

Sich in Geduld zu üben, hat viel damit zu tun, Vorstellungen davon, wie die Dinge sein und wann sie stattfinden müssten, loszulassen. Wer schon mal in einem Land war, in dem die Uhren anders ticken, hat sicher bemerkt, dass wir dann zwei Möglichkeiten haben: Entweder man regt sich permanent auf oder man entspannt sich, lässt los und genießt es! »Go with the flow« – manche Dinge gehen nun mal viel langsamer voran, als wir das gern hätten.

STELLE DIR FOLGENDE FRAGEN:

- In welchen Situationen bist du besonders ungeduldig?
- Was könnte dir helfen, deinen Unruhegeist zu besänftigen?

ANREGUNGEN:

- Wenn du merkst, dass du hektisch wirst, schalte bewusst einen Gang herunter.
- Versuche, Multitasking in deinem Alltag, so gut es geht, zu reduzieren.

WAS UNS GLÜCKLICH MACHT

»Lerne loszulassen, das ist der Schlüssel zum Glück.«

Diese Worte des Buddhas werden oft in den verschiedensten Zusammenhängen zitiert. Tatsächlich, könnte man etwas flapsig sagen, ist der ganze Buddhismus die Lehre vom Loslassen – sei es nun das Loslassen von Vorstellungen und Bewertungen, von der Idee eines unveränderlichen Selbst, von Leid und Schmerz, von Vergangenem, von jeglicher Art der Anhaftung, von Wünschen und Begehren. Obwohl ich mich also bei diesem Zitat auch auf viele andere Aspekte beziehen könnte, werde ich mich jetzt speziell dem Begehren und den Wünschen widmen – einem Thema, das zu vielen Missverständnissen und Diskussionen innerhalb der buddhistischen Gemeinschaft einlädt.

Manche behaupten, ein wahrhafter Buddhist sei frei von jeglichem Begehren, und beziehen sich dabei unter anderem auf ein Zitat von Buddha, in dem es heißt: »Wo auch immer ein Begehren ist, da findest du Leiden. Wenn das Begehren aufhört, bist du frei vom Leiden. Nicht-Begehren ist der Weg zur Wahrheit.« Das klingt in der Tat nach einer rigorosen Verneinung jeglichen Begehrens. Doch kann das stimmen? Andere buddhistische Schulen sagen, das sei anders gemeint und widerspräche der menschlichen Natur, schließlich ist unsere ganze Welt ohne Begehren nicht denkbar. Ohne sexuelles Begehren gäbe es uns gar nicht. Hunger nach Nahrung, aber auch nach Wissen, nach Nähe zu anderen Menschen, nach Bewegung und neuen Erfahrungen gehören zweifellos zum Menschsein. Jedes Kind hat eine natürliche Neugierde und versucht, die Welt zu be-greifen. Das Begehren verleiht uns Impulse, die unsere Lebendigkeit ausmachen und uns auf unserem spirituellen Pfad helfen können. Wer nichts mehr will, nichts anstrebt, keine Neugierde mehr hat, ist vielleicht depressiv, aber sicher nicht offen und achtsam in der Welt unterwegs.

In der buddhistischen Psychologie, wie etwa der amerikanische Meditationslehrer Jack Kornfield sie lehrt, unterscheidet man zwischen heilsamem und schädlichem Begehren. Dabei geht es vorrangig nicht um die Inhalte, also um das, was wir haben möchten, sondern vielmehr um die Art des Habenwollens. Ich glaube, jeder von uns kennt sogenannte Frustkäufe oder Frustessen. Nicht der Pullover, den ich gar nicht brauche, oder die Schokolade, die vielleicht die Erfolge meiner Diät zunichtemacht, sind im buddhistischen Sinne das eigentlich Problematische daran, sondern der innere Zwang, diese Dinge unbedingt haben zu müssen.

Wenn Begehren oder Wünsche zur Sucht werden, passiert nämlich etwas ganz Gemeines, das du sicher auch schon erlebt hast: Die Befriedigung hält nur kurz an – und schon ist da wieder diese innere Leere, die nach weiterem Futter schreit. Du wirst angetrieben von einem Verlangen, das nie gestillt werden kann, das immer mehr haben will. Die Sucht hat dich im Würgegriff. Dazu eine bekannte buddhistische Geschichte:

DIE AFFENFALLE

Ein buddhistischer Lehrer ging mit seinen Schülern in den Wald. Er hatte einen hohlen Flaschenkürbis und eine Portion süßen Reis dabei. Bevor er den Kürbis an einen Baum hängte, schnitt er ein kleines Loch hinein, um Reis in den Kürbis zu füllen. Dann kletterte er mit seinen Schülern auf einen Unterstand in der Nähe des Baumes, um zu beobachten, was passiert. Alsbald erschien ein Affe, den der Geruch des süßen Reises angezogen hatte. Er steckte seine Hand in den Kürbis, griff nach dem Reis, konnte seine geballte Faust jedoch nicht durch das enge Loch zurückziehen. Nach mehreren erfolglosen Versuchen begann der Affe zu brüllen, was einen Leoparden anlockte. Entsetzt riefen die Schüler dem Affen zu, er solle seine Hand herausziehen und fliehen. Dessen Heißhunger war aber so groß, dass er nicht loslassen konnte und vom Leoparden getötet wurde. »Was war die Falle für den Affen?«, wollte der Lehrer von seinen Schülern wissen. »Der süße Reis«, antwortete ein Schüler. »Das zu enge Loch im Kürbis«, meinte ein anderer. »Nein«, sagte der Lehrer, »die Falle war seine Gier.«

Diese Geschichte soll uns also nicht zeigen, wie schlecht es ist, Lust auf etwas Süßes zu haben. Der entscheidende Punkt ist vielmehr, ob wir in der Lage sind, loszulassen, wenn unser Handeln uns schadet. Lass nicht zu, dass du zum Sklaven deines Begehrens wirst, sondern befreie dich von dessen Gängelband – das ist die Idee hinter der Geschichte!

Nun ist das leider mal wieder leichter gesagt als getan. Denn wenn wir der Ursache für unsere Gier auf die Spur kommen, werden wir mit einer schmerzlichen Leere in uns selbst konfrontiert. Dahinter verbirgt sich etwas, das wir auf keinen Fall spüren wollen, sei es nun Angst, Unruhe oder Traurigkeit. Oft liegt dem unersättlichen Begehren ein Gefühl von Einsamkeit zugrunde, ein Gefühl, nicht mit der Welt verbunden zu sein, das uns wehtut. Das Begehren zu leugnen und diesen Schmerz einfach zu unterdrücken bringt genauso wenig, wie den Wünschen stets nachzugeben. Was aber können wir tun, um uns vom destruktiven Suchtcharakter des Begehrens zu befreien?

Um herauszufinden, welcher Art unser Begehren ist, können wir uns folgende Fragen stellen: Ist das, was ich mir wünsche, förderlich für mich? Welche Auswirkungen hat dieser Wunsch auf andere Menschen, andere Wesen oder auf die Umwelt? Was passiert, wenn ich es nicht bekomme? Es geht nicht darum, die große moralische Keule auszupacken, aber wenn du dem Begehren nicht gleich nachgibst, sondern achtsam beobachtest, wie es kommt und wieder vergeht, befreist du dich von dem Zwang, etwas unbedingt haben zu müssen, und kannst frei entscheiden.

Die buddhistische Psychologie unterscheidet außerdem zwei Typen von Menschen. Wenn du zu denjenigen gehörst, die dazu neigen, sich einen Wunsch nach dem anderen zu erfüllen, rät sie dir, dich im Loslassen deiner Wünsche zu üben. Bist du aber jemand, der es gewohnt ist, seine Wünsche zu unterdrücken, ja, zu leugnen, dass du überhaupt welche hast, solltest du dich mit deiner Abneigung gegenüber deinem Begehren auseinandersetzen und dir klarmachen, dass heilsame Wünsche deine Lebendigkeit wecken können. Jack Kornfield fasst das so zusammen:

> »Um weise in dieser Welt zu leben, müssen wir die Extreme hinter uns lassen: Wir sollten unseren Wünschen weder taub gegenüberstehen noch uns in ihnen vollkommen verlieren.«

Loszulassen ist manchmal ein langwieriger Prozess, der Geduld und Vertrauen erfordert. Wenn du als Kind gelernt hast, Einsamkeit mit Süßigkeiten zu kompensieren, könntest du vielleicht in einem ersten Schritt die Süßigkeiten durch etwas Gesünderes ersetzen. Vermutlich dauert es aber eine ganze Weile, bis du dich wirklich mit dem bodenlosen Gefühl, alleingelassen worden zu sein, konfrontieren kannst. Sei also nicht zu streng mit dir. Gehe so mitfühlend mit dir um, wie du kannst, und versuche, nicht gegen etwas anzukämpfen, sondern im Gegenteil weicher zu werden. Loslassen können wir nicht »machen«. Die Herausforderung besteht vielmehr darin, es geschehen zu lassen.

STELLE DIR FOLGENDE FRAGEN:

- Bist du eher Herrin oder Sklave deiner Wünsche?
- Neigst du dazu, dein Begehren zu unterdrücken und eher nichts zu wollen?
- Wie geht man in deiner Familie mit diesem Thema um?

ANREGUNGEN:

- Mache eine Liste, auf der du deine Wünsche unterteilst in heilsame und schädliche.
- Ergänze weitere heilsame Wünsche.

»Du selbst,
genauso wie
jeder andere
im ganzen
Universum,
verdienst deine
Liebe und
Zuneigung.«

Warum eigentlich tun wir uns mit der Selbstliebe so schwer? In der Bibel heißt es: »Du sollst deinen Nächsten lieben wie dich selbst.« Die Weisheit, dass das eine mit dem anderen zu tun hat, gibt es also auch im christlichen Kulturkreis. Und doch assoziieren die meisten mit dem Christentum zwar die Nächstenliebe, allerdings auch Sünde, Beichte und Buße und nicht die Selbstliebe. Das ist jammerschade, denn wer sich selbst für nicht sonderlich liebenswert hält, wird dadurch nicht etwa zu einem besseren, gütigeren Menschen, sondern legt seine strengen Maßstäbe meist auch an andere an.

Der Buddhismus geht von einem grundlegenden »Edel-Sein« des Menschen und nicht von einem mit einer Erbsünde belasteten Wesen aus. Damit leugnet der Buddha keineswegs, dass wir auch negative Eigenschaften haben können, aber er betont die gesunde Seite, unser natürliches Potenzial an Liebe, Mitgefühl, Gerechtigkeitssinn und Wahrheitsliebe. Deshalb besteht er darauf, die Würde jedes Menschen zu ehren und jeder Frau und jedem Mann mit Achtung und Anerkennung zu begegnen – und zwar ganz egal, wer sie sind und was sie getan haben. Damit, so meint der Buddha, öffnen wir einen Kanal zur inneren Güte unseres Gegenübers, zu der er vielleicht selbst keinen Zugang mehr hatte. Vielleicht erinnerst du dich an Situationen, in denen ein Freund, eine Lehrerin oder ein Kollege innere Qualitäten von dir wahrgenommen und anerkennend angesprochen hat. Solche Momente sind es, die unser »Edel-Sein«, unsere Güte oder wie auch immer wir diesen positiven Kern in uns nennen wollen, nähren und aufblühen lassen. Dieses Geschenk können wir anderen Menschen gar nicht oft genug machen. Es kostet uns nichts. Alles, was wir tun müssen, ist, unser Gegenüber aufmerksam, respektvoll und wohlwollend wahrzunehmen und ihm mitzuteilen, welche Qualitäten wir an ihm schätzen. Gleichzeitig sollten wir aber auch lernen, uns selbst mit Achtung und Respekt zu begegnen – insbesondere dann, wenn wir gerade keine allzu hohe Meinung von uns selbst haben sollten.

Für viele Menschen ist es eine der schwierigsten Lektionen, damit aufzuhören, sich selbst – und andere – ununterbrochen zu beurteilen, zu vergleichen und zu bewerten. Auch diejenigen, die nach außen hin scheinbar gänzlich von sich überzeugt sind, verbergen in ihrem Innersten oft eine große Unsicherheit und ein tiefes Gefühl von Wertlosigkeit. Manchmal bedarf es einer Psychotherapie, um den Ursachen für dieses Gefühl wirklich auf die Spur zu kommen. Um einen ersten Schritt in eine andere Richtung zu tun, ist es aber nicht unbedingt notwendig, sich ausgiebig mit den Wurzeln unserer negativen Glaubenssätze zu beschäftigen. Es hilft schon, wenn wir damit beginnen, die strengen, vernichtenden Urteile, die wir über uns und andere fällen, zunächst einmal zu erkennen. Schritt für Schritt können wir uns dann darum bemühen, sie loszulassen und uns selbst und anderen wohlwollender, liebevoller und mitfühlender zu begegnen. Das soll nicht heißen, dass wir alle schon perfekt sind. Shunryu Suzuki hat den Zustand, in dem die meisten von uns sich befinden, so wunderbar paradox formuliert, wie das nur Zen-Meister können:

»Du bist vollkommen so, wie du bist. Aber natürlich ist da immer noch genug zu verbessern.«

Wir sollten uns also stets darum bemühen, uns weiterzuentwickeln, dazuzulernen und zu wachsen. Doch der Optimierungswahn, der viele Menschen gerade in der westlichen Welt antreibt, ist dafür wenig hilfreich. Im Gegenteil. Je gnadenloser wir uns selbst beurteilen, desto weniger sind wir bereit, uns mit der Unvollkommenheit unserer Mitmenschen anzufreunden oder sie gar zu lieben. Perfektionistische Menschen machen nicht nur sich selbst, sondern auch ihrem Umfeld das Leben schwer. Du musst nicht perfekt sein, um liebenswert zu sein – und deine Mitmenschen ebenso wenig. Wenn du das verinnerlichst, kannst du dich entspannt auf einen Weg des Lernens begeben, auf dem Fehler und Rückschläge keine Niederlage sind und dich nicht zu einem schlechten Menschen machen, sondern einfach einen Teil deines Weges darstellen.

STELLE DIR FOLGENDE FRAGEN:

- Begegnest du dir selbst mit Respekt? In welchen Situationen neigst du dazu, dich respektlos zu behandeln?
- Kannst du dich so lieben, wie du bist? Was hindert dich daran?

ANREGUNG:

- Versuche, in Begegnungen mit anderen Menschen in Kontakt mit deren innerer Güte und ihren positiven Eigenschaften zu kommen und sie dafür wertzuschätzen.

»Einzig in Dankbarkeit und Freude liegt der Zweck des Seins.«

Dankbarkeit und Freude sollen unser Leben bestimmen –wie schön! Aber hat Buddha nicht auch gesagt, Leben sei Leiden? Wie passt das zusammen? Tatsächlich geht es in der buddhistischen Philosophie viel um das Leiden, aber nicht etwa darum, dass wir alle möglichst viel leiden sollten. Vielmehr ist Buddha den Ursachen des Leidens auf den Grund gegangen und hat einen Weg entwickelt, um das Leiden zu überwinden. Das gelingt freilich nicht immer. Es gibt aber gewisse innere Haltungen, die helfen können, mehr Freude in unser Leben einzuladen, und dazu gehört zweifellos die Dankbarkeit.

Leider hat Dankbarkeit bei einigen von uns einen unangenehmen Beigeschmack, der uns an die verlogenen Verpflichtungen, sich für etwas bedanken zu müssen, erinnert. Dabei kann sie eine wirklich große Bereicherung sein, die für jeden verfügbar ist. Meist gehen wir davon aus, Dankbarkeit sei das Resultat eines glücklichen Lebens. Je besser es das Schicksal, die Götter, das Universum oder wer auch immer mit einem meint, desto dankbarer kann man sein. Klingt erst mal schlüssig. Doch jeder von uns kennt Menschen, die es äußerlich betrachtet wahrlich nicht leicht haben und trotzdem viel Dankbarkeit in sich tragen, und andere, denen es scheinbar an nichts fehlt und die trotzdem ständig darüber klagen, was anders und besser sein könnte.

»Wir sind glücklich, weil wir dankbar sind;
wir sind nicht dankbar, weil wir glücklich sind.«

Dieser Satz stammt von dem Benediktinermönch David Steindl-Rast, der seit vielen Jahren Zen-Meditation praktiziert und dem Buddhismus sehr nahesteht. Er kehrt unser gängiges Denken komplett um: Dankbarkeit macht glücklich, sagt er, und nicht umgekehrt. Damit ist freilich nicht gemeint, dass wir nicht dankbar sein dürfen, wenn es gut läuft für uns, wir uns guter Gesundheit erfreuen, eine liebevolle, harmonische Familie, zuverlässige Freunde und einen erfüllenden Beruf haben, von dem wir unseren Lebensunterhalt bestreiten können. Damit Dankbarkeit eine beständige Säule der Freude sein kann, wie der Dalai Lama sie nennt, ist noch etwas anderes nötig. Zu einem ständigen Begleiter kann sie werden, wenn wir uns auch in unserem Alltag vom scheinbar Selbstverständlichen überraschen lassen. Wir erleben so viele schöne, weniger auffällige Momente und Begegnungen, die unsere Dankbarkeit wecken können, wenn wir uns dafür öffnen. Übersehen wir sie, entgeht uns etwas, das uns durch unser ganzes Leben tragen und glücklich machen könnte.

Dankbarkeit in diesem Sinne ist nichts, was uns geschieht, sondern etwas, das wir in uns kultivieren können. Kultivieren klingt nach Arbeit, oder? Und ja, ganz von selbst geht es meist nicht, aber es sind ganz einfache, kleine Übungen, mit denen wir die Dankbarkeit in unser Leben einladen können. David Steindl-Rast empfiehlt zum Beispiel, sich immer wieder die Frage zu stellen: »Ist das nicht erstaunlich?« Eine Kinderfrage im Grunde, die uns aufwecken kann aus unserer langweiligen Routine und Abgeklärtheit. Und genau darum geht es: die Augen zu öffnen für die Schönheit und Einzigartigkeit des Moments.

Dankbarkeitstagebücher gehören zum Repertoire verschiedener psychotherapeutischer Ansätze und sind eine wunderbare Möglichkeit, am Abend vor dem Schlafengehen noch einmal Revue passieren zu lassen, was dir dieser Tag geschenkt hat. Ganz nebenbei rücken dabei die negativen, belastenden Erlebnisse oder Gefühle in den Hintergrund, ohne dass wir sie verdrängen. Denn wenn wir dankbar sind, öffnen wir unser Herz und können Ärger oder Enttäuschung leichter loslassen.

STELLE DIR FOLGENDE FRAGEN:

- Welche Rolle spielt Dankbarkeit bisher in deinem Leben? Wofür bist du vor allem dankbar?
- Was kannst du tun, um das Gefühl der Dankbarkeit noch mehr in dein Leben einzuladen?

ANREGUNGEN:

- Lege ein Dankbarkeitstagebuch an, in das du jeden Abend mindestens drei Dinge beziehungsweise Erlebnisse notierst, für die du dankbar warst.
- Halte kurz inne, wenn ein Moment der Dankbarkeit auftaucht, und spüre genau hin, was dieses Gefühl mit deinem Körper und deiner Atmung macht und wie es deine Sicht auf die Welt beeinflusst.

»Urteile nicht hart
über dich selbst.
Ohne Erbarmen
mit uns selbst
sind wir
außerstande,
die Welt zu lieben.«

Mitgefühl gehört in der buddhistischen Ethik neben der liebenden Güte, der Mitfreude und der Gelassenheit oder dem inneren Frieden zu den sogenannten vier himmlischen Verweilzuständen oder vier Unermesslichen. Wenn wir anderen Menschen oder Lebewesen, aber auch uns selbst mit diesen Geisteshaltungen begegnen, können alte Kränkungen und Verletzungen heilen. Ja, mehr noch, diese inneren Haltungen, so sieht es der Dalai Lama, sind die Voraussetzung für den Weltfrieden.

Aber beginnen wir eine Nummer kleiner und schauen uns genau an, was es mit dem Mitgefühl auf sich hat. In unserer Kultur wird Mitgefühl oft mit Mitleid verwechselt. Damit tun wir aber niemandem einen Gefallen. Wenn wir andere als bedauernswerte Opfer der Umstände betrachten, distanzieren wir uns unbewusst von ihnen und berauben sie letztlich ihrer Würde, indem wir sie zu »armen Würstchen« machen. Oder aber wir steigern uns regelrecht in das Leiden der anderen hinein und leiden selbst so intensiv, dass wir niemandem von Nutzen sein können und selbst jemanden brauchen, der uns tröstet und wieder aufbaut. Das gilt ebenso, wenn wir in Selbstmitleid zerfließen, uns in eine Opferrolle begeben und es auf diese Weise ablehnen, die Verantwortung für uns und unser Wohlbefinden zu übernehmen.

Dann erreichen wir genau das Gegenteil davon, was Mitgefühl für uns selbst bewirken sollte, nämlich selbstverantwortlich, fürsorglich und liebevoll mit uns umzugehen. Warum fällt uns dies jedoch so schwer? Der Hauptgrund liegt wahrscheinlich darin, dass wir irgendwann in unserer Kindheit angefangen haben, unsere Verletzungen zu verbergen, uns für unsere Ängste zu schämen und für unsere Fehler zu verurteilen. Oftmals verbergen sich diese Verletzungen und Kränkungen hinter einer dicken Schutzschicht und wir spüren eher Ärger und Zorn als die dahinterstehenden Gefühle von Angst, Trauer und Scham. Am liebsten möchten wir gar nicht hinschauen, weil es unser mühsam aufgebautes Selbstbild ins Wanken bringt. Deshalb erfordert es auch Mut, sich zu öffnen und sich dem Leben ohne schützenden Panzer zu stellen. Der amerikanische Meditationslehrer und Autor Jack Kornfield schreibt:

»Wir brauchen Mitgefühl, keinen Zorn,
wenn wir mit unseren Schwierigkeiten liebevoll umgehen
und uns ihnen nicht voller Angst verschließen wollen.
Nur auf diese Weise kann echte Heilung stattfinden.«

Auch der Dalai Lama hat vor vielen Jahren im Rahmen eines Kongresses mit einer gewissen Bestürzung bemerkt, wie gnadenlos wir Menschen im Westen uns selbst be- und verurteilen und wie schwer wir uns mit dem Mitgefühl für uns selbst tun. Aus diesem Grund ist es für die meisten von uns hilfreich, sich zuerst dem Mitgefühl für sich selbst und dem eigenen Leid zu widmen und erst danach dem Mitgefühl für andere, wobei letztlich das eine immer in das andere übergeht. Wenn du dir selbst gegenüber weicher und liebevoller wirst, wirkt sich das automatisch auf deinen Umgang mit anderen Menschen aus und umgekehrt gilt das genauso.

Um das Selbstmitgefühl zu kultivieren, brauchst du vor allem drei Qualitäten: Ehrlichkeit, Achtsamkeit und liebevolle Geduld. Ehrlichkeit meint nichts anderes als die Akzeptanz dessen, was ist – sei es nun, dass du Angst davor hast, verlassen zu werden, den Erwartungen anderer nicht zu genügen, oder dass du dir Vorwürfe machst, deine Kinder nicht gerecht behandelt zu haben oder deinem Partner gegenüber nicht ehrlich gewesen zu sein.

Achtsam mit diesen Gefühlen umzugehen, bedeutet, sie genau zu beobachten: Welche Gedanken gehen mit ihnen einher? Welche Körperempfindungen? Wenn du eher Wut und Ärger spürst: Versuche, dich zu entspannen, weicher zu werden und zu erkunden, was sich hinter der Wut verbirgt. Sei einfach da für dich und dein verletztes Herz wie eine liebende Mutter oder ein liebender Vater. Du kannst dir auch gütige Großeltern vorstellen oder ein liebevolles Fantasiewesen, das dich beschützt, Hauptsache, du fühlst dich geborgen und angenommen, so wie du bist – mit all deinen Unzulänglichkeiten, Ängsten und Schamgefühlen. So fühlen sich Selbstmitgefühl und Selbstfürsorge an!

Wenn du mit dir selbst mitfühlend umgehst, fällt es dir auch leichter, anderen Menschen mit Mitgefühl zu begegnen. Denn wenn du dich mit deinen eigenen Schwierigkeiten und Problemen beschäftigst, wird dir bewusst, wie oft du selbst schon wissentlich oder unwissentlich andere verletzt, enttäuscht oder verärgert hast. Und du begreifst, dass dies letztlich immer deshalb geschehen ist, weil du verblendet warst und es nicht besser gewusst hast. Eine kleine Geschichte, die der buddhistische Meditationslehrer Alan Wallace in seinen Seminaren gern erzählt, macht dies deutlich:

DER BLINDE VOR DEM SUPERMARKT

Stell dir vor, dass du aus dem Supermarkt kommst mit einer großen Einkaufstüte, die du zu deinem Auto bringen möchtest. Plötzlich rempelt dich ein Passant an, sodass alle Lebensmittel auf dem Bürgersteig verteilt liegen. Eine Flasche und die Eier sind zerbrochen, die Äpfel kullern auf die Straße. Du möchtest schon lospoltern: »Sie Idiot, sind Sie denn blind?«, als du erkennst, dass der Mann tatsächlich blind ist und vor Schreck hingefallen ist. Jetzt reagierst du ganz anders und fragst ihn mitfühlend und besorgt: »Ist Ihnen etwas passiert? Kann ich Ihnen helfen?«

Genau das ist unsere Situation. Erst wenn uns klar wird, dass die Ursache aller Disharmonie, aller Schmerzen auf der Welt die Unwissenheit oder – um im Bild zu bleiben – die Blindheit ist, können wir Weisheit und Mitgefühl entwickeln, die nichts mit einem Gefühl von Überlegenheit oder Unangreifbarkeit zu tun haben.

Das Problem ist allerdings, dass es meist nicht nur einen Blinden gibt. Allzu oft trifft Blindheit auf Blindheit beziehungsweise Unwissenheit auf Unwissenheit, was unsäglich viel Leid erzeugt, weil keiner der Beteiligten sich dessen bewusst ist. Wenn du selbst also von jemandem beleidigt oder verletzt wirst, wirst du es oft nicht schaffen, unmittelbar mit Mitgefühl zu reagieren. Zumal der andere womöglich gar nicht sonderlich zugänglich wäre, wenn du ihn fragen würdest, ob du ihm helfen kannst. Viel gewonnen ist aber schon, wenn du dich nicht zu einer spontanen Gegenreaktion hinreißen lässt, sondern erst einmal tief durchatmest und die Emotionen nicht in dir hochkochen lässt. Vielleicht kannst du ihn zu einem späteren Zeitpunkt darauf ansprechen, was er in dir ausgelöst hat, ihn fragen, was er bezweckt hat oder was der Grund für sein Handeln war. Wenn es euch auf diese Weise gelingt, Verständnis füreinander zu gewinnen, ist das toll. Aber auch wenn das nicht möglich ist, tust du dir selbst einen großen Gefallen, wenn du versuchst, Mitgefühl in deinem Herzen zu verankern und zu kultivieren, statt Groll und Ärger zu hegen. Der Dalai Lama hat das wunderbar auf den Punkt gebracht:

> »Wenn du andere glücklich sehen willst, übe dich in Mitgefühl.
> Wenn du selbst glücklich sein willst, übe dich in Mitgefühl.«

STELLE DIR FOLGENDE FRAGEN:

- Gibt es etwas, für das du dich verurteilst, etwas, das du dir immer wieder vorwirfst? Was hindert dich daran, dich so anzunehmen, wie du bist?
- In welchen Bereichen bist du mit anderen besonders streng?

ANREGUNG:

- Achte darauf, wie oft du dich oder andere im Alltag negativ bewertest und verurteilst. Nimm es einfach nur zur Kenntnis und verwende darauf keine zusätzliche Energie. Mit der Zeit wirst du feststellen, dass diese Bewertungen weniger werden oder du sie zumindest nicht mehr so ernst nimmst.

»Sich immer wieder
in Freigiebigkeit
üben – das ist
ein Loslassen,
das großen Segen
bringt.«

Freigiebigkeit oder Großzügigkeit gehören im Buddhismus zu den großen Säulen des Glücks. Wenn wir geben, ohne etwas dafür zu verlangen, tun wir für uns selbst und für den oder die Beschenkte(n) etwas Gutes. Wir kreieren sozusagen doppeltes Glück! Und deshalb sollten wir diesen so einfachen wie wirkungsvollen Glücksbringer möglichst oft zum Einsatz bringen.

Wenn wir selbst besonders gut gelaunt sind, uns etwas gelungen ist oder wir verliebt sind, fällt uns das Geben meist besonders leicht. Wir tun es fast automatisch – als ob wir das Gefühl hätten, unser Glück teilen zu müssen, wenn wir so viel davon haben. Wir schenken jedem, der uns begegnet, ein Lächeln. Es fällt uns leicht, selbst die schwierige Kollegin auf einen Kaffee einzuladen oder dem Nachbarn mit etwas auszuhelfen, das ihm gerade fehlt. Wir beschenken den Geliebten mit Blumen, nehmen uns Zeit für ein langes Telefonat mit der einsamen Freundin oder laden sie zum Essen ein. Und selbst wenn wir auf Parkplatzsuche sind und einer sich vordrängelt, tangiert uns das kaum. Soll er den Platz doch haben!

Großzügigkeit zu praktizieren ist ein weites Feld und es gibt viele Möglichkeiten dafür. Es kann auch heißen, eine Geldspende für eine Wohltätigkeitsorganisation zu machen oder sich ehrenamtlich zu betätigen. Ob wir nun etwas Materielles oder unsere Zeit und unsere Fähigkeiten zur Verfügung stellen und uns aufmerksam und liebevoll anderen Wesen zuwenden – entscheidend ist, dass wir es nicht – oder zumindest nicht primär – tun, um damit etwas zu erreichen, etwas zurückzubekommen.

Um großzügig sein zu können, müssen wir nicht reich sein an materiellen Gütern. Völlig unabhängig davon, ob du reich oder arm bist: Großzügigkeit hat mit innerem Reichtum zu tun – und den kann jeder Mensch haben. Wer weiß, dass sein Glück nicht davon abhängt, möglichst viel Besitz anzuhäufen und sein Eigen nennen zu können, kann auch loslassen, wenn er wenig hat.

Im Buddhismus unterscheidet man verschiedene Stufen der Großzügigkeit. Beim sogenannten königlichen Geben verschenkt der Gebende etwas, das ihm selbst am Herzen liegt. Eine besondere Form dieses Gebens ist das anonyme Schenken, bei dem der Schenkende gar nicht in direkten Kontakt tritt mit dem Beschenkten, sodass dieser sich auch nicht bei ihm bedanken kann. Der Gebende erfreut sich also ausschließlich an seiner Geste der Großzügigkeit und hegt keinerlei Erwartungen darüber hinaus. Dies ist der Fall, wenn wir zum Beispiel ein soziales Projekt unterstützen.

Damit ist nicht gemeint, dass wir uns nicht freuen dürfen, wenn auf eine großzügige Geste von unserer Seite eine Gegeneinladung oder ein Geschenk für uns folgt. Innerhalb von Familien oder Freundeskreisen findet meist ein Geben und Nehmen statt, sodass immer wieder ein Ausgleich geschaffen wird. Auch das ist wunderbar, solange keine Strichlisten geführt werden und es klar ausgesprochen wird, wenn man eine Gegenleistung erwartet. An einem fairen Tauschgeschäft ist nichts Verwerfliches, solange alle Beteiligten wissen, worauf sie sich einlassen.

»Wenn du wüsstest, was ich über die Macht des Gebens weiß, würdest du keine einzige Mahlzeit vergehen lassen, ohne sie auf irgendeine Weise zu teilen.«

Dieses Zitat von Buddha unterstreicht noch einmal die Kraft, die im Geben und Teilen liegt. Es ist ähnlich wie bei der Dankbarkeit: Glück ist nicht die Voraussetzung für Großzügigkeit, sondern großzügiges Geben kann uns glücklich machen. Auch wenn du gerade nicht in Bestverfassung bist und vielleicht sogar das Gefühl hast, irgendwie zu kurz zu kommen, kann es sehr heilsam für dich sein, jemanden zu unterstützen oder ihm eine Freude zu machen. Zum einen stärkt es dein Selbstbewusstsein, wenn du spürst, dass du anderen etwas geben kannst. Und zum anderen verschiebt es deinen Fokus. Du beschäftigst dich dann nämlich nicht mehr ständig mit deinen eigenen Problemen. Vielleicht relativieren sich diese sogar, wenn du die Schwierigkeiten siehst, in denen andere stecken.

STELLE DIR FOLGENDE FRAGEN:

- Fällt es dir leicht, großzügig zu sein, und wenn nein, was hält dich davon ab?
- Welche Personen in deinem Umfeld könntest du großzügig unterstützen?

ANREGUNG:

- Achte darauf, nur so viel und nur das zu schenken, was du geben kannst, ohne etwas zu erwarten.
- Experimentiere bewusst mit Großzügigkeit, wenn es dir nicht so gut geht.

»Niemals
in der Welt
hört Hass
durch Hass auf.
Hass hört durch
Liebe auf.«

Dem ersten Satz des Zitats wirst du sicher sofort zustimmen. Wie sollte Hass auch durch Hass besiegt werden können? Es gibt es genügend Beispiele in der Geschichte und leider auch in der Gegenwart, die zeigen, wie viel Leid die Spirale aus Hass, Gewalt und Gegengewalt erzeugt. Für eine gewisse Zeit kann eine der streitenden Parteien über die andere siegen und mit Gewalt durchsetzen, was sie für richtig hält. Diktatfrieden nennt man das – und wie lange beziehungsweise kurz der hält, hat sich in der menschlichen Geschichte immer wieder gezeigt.

Aber wie entsteht Hass eigentlich? Im Buddhismus gehört Hass neben Gier und Verblendung oder Unwissenheit zu den »drei Geistesgiften« oder schädlichen Eigenschaften. Manchmal spricht man auch von Geistesverschmutzungen, was darauf hinweist, dass die ursprüngliche Natur des Geistes rein ist und wir den Geist von diesen Verschmutzungen reinigen können. Hass, so erklärt es der Buddha, entsteht im Grunde durch Unwissenheit. Wir glauben, unser Selbst existiere getrennt vom Rest der Welt und müsse sich vor diesem schützen beziehungsweise andere bekämpfen, um sich selbst – und vielleicht noch seiner »Sippe« – Vorteile zu sichern. Doch das ist eine Illusion. Wir sind eben genau nicht unabhängig voneinander existierende einzelne, sondern voneinander abhängige viele. Und das wiederum bedeutet: Es gibt zumindest langfristig kein individuelles Glück, das völlig unabhängig wäre vom Glück der anderen

Lebewesen. Wenn wir begreifen, wie unauflösbar unsere Verbundenheit mit allem Existierenden ist und dass alle Lebewesen, seien sie nun Menschen, Tiere oder andere, dasselbe Recht haben, glücklich zu sein, können wir Hass, Zorn, Aggressionen und Widerwillen durch Liebe und Güte überwinden.

Liebe, wie der Buddhismus sie versteht, hat allerdings wenig mit unserer Vorstellung von romantischer, besitzergreifender Liebe zu tun. Der Dalai Lama hat sie so definiert:

> »Liebe ist der Wunsch, dass alle empfindsamen Wesen sich des Glücks erfreuen und nie ganz vom Glück getrennt sein mögen.«

Metta, wie Liebe und Güte auf Pali genannt wird, zeichnet sich dadurch aus, dass sie bedingungslos ist und keine eigenen Interessen verfolgt. Sie gibt, ohne im Gegenzug dafür etwas zu erwarten. Klingt das allzu altruistisch, ja, unrealistisch in deinen Ohren? Klar, keine »normale« Liebesbeziehung ist völlig selbstlos und ohne Anhaftung: Wir geben dem Partner unsere Zuneigung, erwarten dafür aber auch etwas zurück. Nur allzu oft haben wir sehr genaue Vorstellungen davon, wie sich die Liebe unseres Partners ausdrücken sollte. Und wenn das nicht klappt, schlägt diese Art von Liebe leicht in Hass und Ablehnung um. Jeder, der schon eine Trennung durchgemacht hat, kann ein Lied davon singen.

Aber ist es nicht auch okay, Bedürfnisse zu äußern und von einem Partner, von Freunden oder Freundinnen zu erwarten, dass sie sich darum bemühen, sie zu erfüllen? Und beruhen Friedensverhandlungen nicht darauf, dass die Beteiligten jeweils einen Schritt auf den anderen zu machen?

Die Antwort auf diese Fragen ist nicht einfach. Denn natürlich gehen wir oft so vor und erzielen damit auch Erfolge, wenn alle Beteiligten mitmachen. Natürlich ist es eine gute Sache, wenn du dich mit anderen zusammensetzt und in einem ruhigen Gespräch zu klären versuchst, wie ihr Streitigkeiten in Zukunft vermeiden könnt. Was aber machst du, wenn der andere deinen Standpunkt nicht nachvollziehen kann? Wenn er sein Verhalten nicht ändern will?

Die Krux besteht letztlich darin, dass du deine Gefühle abhängig machst von den Handlungen oder Worten anderer. Darauf zielt der Buddha ab, wenn er sagt, wir sollten keine Gegenleistung erwarten für unsere Liebe und Güte. Denn nur dann sind wir nicht reaktiver Spielball der Außenwelt, sondern ruhen – wenn alles gutgeht – gelassen in uns.

STELLE DIR FOLGENDE FRAGEN:

- Was bedeutet Liebe für dich?
- Gibt es einen Menschen oder ein Tier, das du bedingungslos liebst? Wie fühlt sich das in deinem Körper an?
- Kannst du dich selbst bedingungslos lieben?

ANREGUNGEN:

- Atme tief in den Brustbereich ein und fülle dein Herz mit bedingungsloser Liebe. Beginne in deiner Vorstellung mit Menschen oder Wesen, die dir nahestehen, und dehne deine Liebe dann immer mehr aus, auch auf Menschen, mit denen du Schwierigkeiten hast. Beobachte, was sich im Laufe der Zeit verändert.

»Glück kommt,
wenn deine Arbeit
und deine Worte
anderen
von Nutzen sind.«

Puh, das klingt aber nach einem sehr hohen Anspruch! Es kann schließlich nicht jeder einen sozialen oder medizinischen Beruf ausüben oder philosophische Texte verfassen! Oder wie ist das gemeint mit dem Nutzen? Vielleicht sollten wir zuerst umreißen, was Schaden anrichtet und auch uns selbst letztlich kein Glück bringt, selbst wenn wir einen kurzfristigen Nutzen davon haben: Betrug, Verleumdung, Diebstahl, Nötigung, aber auch Verbreitung falscher Informationen, Intrigen, Mobbing, unkollegiales Verhalten, Vortäuschung falscher Tatsachen – alles, womit wir einem Menschen oder einem fühlenden Wesen willentlich etwas antun, um für uns selbst Vorteile zu erlangen. Fast unabhängig von der Art der Arbeit, also ob wir beispielsweise als Lehrer, Rechtsanwältin oder Busfahrer tätig sind, können wir durch die Art, wie wir arbeiten, anderen von Nutzen sein oder auch Unheil anrichten.

Du musst also nicht gleich deinen Job kündigen, wenn du nicht sicher bist, ob er für andere in einem umfassenden Sinne nützlich ist. Wenn du beispielsweise als Verkäuferin in einer Bäckerei arbeitest, dies mit Hingabe tust und die Kunden mit einem freundlichen Lächeln oder ein paar netten Worten beschenkst, kommst du der Idee, die hinter diesem Zitat steht, näher als ein Arzt, der seine Patienten missmutig empfängt und kein Mitgefühl für sie empfindet.

Vermutlich gab und gibt es in jeder Gesellschaft soziale Hierarchien, die manchen Berufen einen höheren Stellenwert beimessen als anderen. In der Zeit der Coronapandemie kam plötzlich ein Begriff auf, den wir bis dato nicht kannten: Von systemrelevanten Berufen war da auf einmal die Rede. Erstaunlicherweise zählen zu diesen Berufen viele, denen normalerweise eher weniger Respekt gezollt wird und die oft schlecht bezahlt sind. Systemrelevant sind nämlich nicht die hoch bezahlten Manager, Geschäftsführer oder Professorinnen, sondern unter anderem Pflegerinnen, Müllmänner, Verkäuferinnen, Busfahrer, Ärztinnen, Erzieher und Lkw-Fahrer. Das kann nicht bedeuten, dass wir die Hierarchien einfach umkehren sollten. Es zeigt aber, wie relativ sie sind und dass sie letztlich nichts darüber aussagen, wie wichtig und von wie großem Nutzen eine Arbeit sein kann.

»Wenn es sich lohnt, etwas zu tun,
dann tu es von ganzem Herzen.«

Dieser Ausspruch von Buddha trifft im Grunde immer zu, egal, ob du arbeitest, kochst, in deinem Garten ein Beet bestellst oder dein krankes Kind pflegst. Heutzutage suchen viele Menschen lange nach einem Beruf, der sie wirklich erfüllt, in dem sie ganz ihr Ding machen, sich selbstverwirklichen können. Dagegen spricht prinzipiell nichts. Nur allzu oft bleiben diese Menschen aber leider immer und ewig auf der Suche, anstatt sich mit ganzem Herzen auf etwas einzulassen. Sie laufen der Illusion hinterher, dass sie nur glücklich werden könnten, wenn sie etwas ganz Besonderes aus sich machen und dann endlich den Sinn ihres Lebens finden würden. Damit verfehlen sie nicht nur ihr eigenes Glück, sondern machen es auch ihren Mitmenschen oft schwer.

Als ich nach meinem geisteswissenschaftlichen Studium eine Heilpraktikerausbildung gemacht habe, bin ich vielen begegnet, denen ihre angebliche Selbstverwirklichung deutlich mehr am Herzen lag, als anderen Menschen mit ihrer Arbeit zu helfen. Und auch ich selbst habe lange gebraucht, um mich von Selbstbildern und Vorstellungen zu befreien, die mich davon abhielten, das zu machen, was ich am besten kann.

»Wer sich zu groß fühlt, um kleine Aufgaben zu erledigen, ist zu klein, um mit großen betraut zu werden.«

Dieses Zitat von Buddha bringt es doch wunderbar auf den Punkt, oder? Wenn wir fixe Vorstellungen von uns loslassen, können wir mit jeder Arbeit, mit der wir weder uns noch anderen schaden, glücklich werden – oder eben auch nicht. Es liegt in unserer Hand.

STELLE DIR FOLGENDE FRAGEN:

- Hast du das Gefühl, mit deiner Arbeit anderen von Nutzen zu sein – und wenn nicht, was könntest du ändern?
- Mit welcher Motivation erledigst du deine Arbeit?
- Wie beurteilst du selbst den Stellenwert deiner Arbeit? Haderst du damit?

ANREGUNGEN:

- Versuche, deine Arbeit nicht einfach nur zu erledigen, sondern von ganzem Herzen dabei zu sein.
- Mache eine Liste, welchen Nutzen deine Arbeit für andere haben kann beziehungsweise wie du andere damit glücklich machen kannst.

»Du kannst
inneren Frieden
und Glückseligkeit
nicht herstellen.
Sie sind deine wahre
Natur. Sie bleiben
übrig, wenn du all das
aufgibst, was dich
leiden lässt.«

Mit dem Loslassen haben wir uns nun schon bei verschiedenen Zitaten beschäftigt. So schwer es uns auch fallen mag, es gilt nun mal als der wichtigste Schlüssel zum Glück. Das ist schon irgendwie gemein, denn viel lieber würden wir ja etwas tun, Leistung erbringen, uns anstrengen, etwas mühsam erarbeiten, als einfach nur loszulassen. Loslassen – das fühlt sich so bodenlos, so unkontrollierbar und deshalb auch gefährlich an für uns Kontrolljunkies. Dabei ist Festhalten zwar vertrauter, aber oft viel verhängnisvoller für uns, etwa, wenn es um das Festhalten an Zweifeln geht, die uns blockieren.

Buddha benennt in diesem Zitat indirekt, was uns helfen könnte beim Loslassen: nämlich das Wissen um unsere wahre Natur. Und das Vertrauen, dass diese wahre Natur ein Ort in uns ist, der nicht von einem wilden Durcheinander an Gefühlen, Gedanken, Ängsten und Vorstellungen beherrscht wird, sondern von innerem Frieden, Gelassenheit, Glückseligkeit. Wow! Das klingt gut, aber wie zum Teufel sollen wir dahin kommen? Wer sagt uns, dass dieses Vertrauen gerechtfertigt ist? Und was, wenn wir uns irren?

Vertrauen ist eine ganz entscheidende Qualität auf jedem spirituellen Weg, eigentlich im Leben insgesamt. Manche Menschen sind so voller Zweifel, dass ihnen die einfachsten Entscheidungen schwerfallen; auf jede Äußerung antworten sie mit »Ja, aber ...« und können sich weder zu einem Ja noch zu einem Nein durchringen. Oft quälen sie tiefe, zermürbende Selbstzweifel, die sie ungeheuer viel Kraft kosten: »War das okay, was ich heute zu meiner Kollegin gesagt habe?«, »Bin ich nicht viel zu dick für diese Hose?«, »Sollte ich nicht besser zum Bergwandern gehen als zum Meditieren?«, »Werde ich es bereuen, wenn ich diesen Job jetzt kündige?« und so weiter und so fort. Das Entscheidende sind nicht die Fragen, sondern dass die von Selbstzweifeln geplagten Menschen sie nie beantworten können und auch nichts dazu beitragen, einer Antwort näher zu kommen.

Im Gegensatz zu anderen Religionsstiftern setzt Buddha nicht auf blinden Glauben, sondern auf persönliche Erfahrung. Wir sollten selbst prüfen, ob das, was er uns vorschlägt, wirklich heilsame Wirkung erzielt, und lernen, auf unsere innere Stimme zu hören. Trotzdem brauchen wir auch auf diesem Weg Vertrauen – in uns selbst vor allem, aber auch in die Lehre des Buddhas. Der Dalai Lama formuliert das folgendermaßen:

»Durch Vertrauen in sich selbst und in die
eigenen Fähigkeiten stellt sich der Glaube ein,
den wir brauchen, um Güte, Freundlichkeit,
Mitgefühl und uneigennützige Liebe zu entwickeln.«

Den Begriff »Glaube« finde ich an dieser Stelle etwas missverständlich. Ich denke, was der Dalai Lama meint, ist, dass wir Vertrauen brauchen, damit unsere positiven Eigenschaften überhaupt wachsen und wir sie erfahren können. Bis es so weit ist, müssen wir sozusagen als Arbeitshypothese annehmen, dass es diese wahre Natur und diesen inneren Frieden in uns gibt. Ein spiritueller Lehrer von mir pflegte zu fragen: »Kann es dir oder irgendjemand anderem schaden, wenn du darauf vertraust, dass sich deine wahre Natur durch inneren Frieden und Freude auszeichnet?« Klar, die Antwort ist: Nein. Warum solltest du es also nicht tun? Vielleicht kannst du deine innere Zweiflerin ja zumindest eine Weile lang besänftigen, indem du ihr sagst, dass du einfach herausfinden willst, ob es stimmt oder nicht.

Die meisten von uns sind mit dem christlichen Glauben an eine Erbsünde und all diese bösen Anteile in uns aufgewachsen. Und dann gibt es noch all die negativen Glaubenssätze, die uns Eltern, Lehrerinnen oder andere Menschen aus unserem Umfeld mit auf den Weg gegeben haben. Du musst also mit Widerstand rechnen und darfst nicht so schnell aufgeben. Deswegen tut es zum Beispiel gut, regelmäßig eine Meditationsgruppe aufzusuchen, die dich in deinem Vorhaben bestätigt und trägt. Manchen hilft es auch, sich vor Augen zu führen, wie viele Menschen den buddhistischen Weg schon gegangen sind, und sich mental mit ihnen zu verbinden. Tu alles, was dich dabei unterstützen kann, deinen inneren Frieden zu finden.

STELLE DIR FOLGENDE FRAGEN:

- Weißt du, wie du Kontakt aufnehmen kannst zu dem inneren Frieden in dir?
- Was hindert dich, diesen Ort öfter aufzusuchen?

ANREGUNGEN:

- Schreibe dir auf, welche Tätigkeiten, welche Kontakte oder welche Umgebungen dir helfen, den inneren Frieden trotz äußerer Schwierigkeiten zu spüren.

»Alles Glück
auf der Welt
entsteht aus dem
Wunsch, dass
andere glücklich
sein mögen.«

Allzu oft denken wir bei unserer Jagd nach dem Glück nur an uns selbst und vielleicht noch an unsere Liebsten – ganz nach dem in unserer Gesellschaft weitverbreiteten Motto: »Wenn jeder an sich denkt, ist an alle gedacht.« Aber kann das denn stimmen? Hätten alle Menschen genau dieselben Voraussetzungen und dieselben Möglichkeiten, an Ressourcen zu partizipieren, wäre diese Denkformel vielleicht im Ansatz richtig. Doch man muss nicht lange nachdenken, um zu erkennen, dass dies nicht der Fall ist, es niemals so war und niemals so sein wird. Erstaunlich, wie hartnäckig sich dieses wirtschaftsliberale Narrativ hält – selbst angesichts massiver globaler gesellschaftlicher Verwerfungen und der nicht mehr zu leugnenden Klimakatastrophe! Es geht aber auch nicht darum, ins Gegenteil zu verfallen und einem unrealistischen Altruismus zu huldigen. Wer jedoch meint, ein Denken in Kategorien wie »mein« und »dein«, »ich« versus »die anderen« sei für sein Leben förderlich, verkennt, wie viel das eigene Glück mit dem Glück anderer zu tun hat.

Im Buddhismus steht die Verbundenheit allen Lebens über allem. Wenn wir uns nicht klarmachen, dass die Idee eines isoliert existierenden Selbst eine Illusion ist, führt das zwangsläufig zu Leiden. Nicht nur andere Lebewesen leiden dann unter unserem Egoismus, sondern letztlich auch wir selbst, weil wir ständig in der Angst leben, das, was unser flüchtiges Glück ausmacht, wieder zu verlieren. Denn alles – materieller Besitz, Gesundheit, Schönheit, berufliche Anerkennung – ist dem Wandel unterworfen. Wir können es nicht festhalten. Und, wie man so schön sagt: »Das letzte Hemd hat keine Taschen.«

Wenn wir nicht nur dem eigenen Glück hinterherjagen, bedeutet das nicht, dass wir uns für andere aufopfern müssen und selbst das Nachsehen haben. Es geht vielmehr darum, den Reichtum dieser Erde im Wissen um unsere Verbundenheit zu teilen – und davon auch selbst zu profitieren. Und das bezieht sich keineswegs nur auf Materielles, sondern ebenso auf unser Glück und unsere Freude, wie Buddha es im folgenden Zitat ausdrückt:

»Tausende von Kerzen kann man am Licht einer Kerze anzünden, ohne dass ihr Licht schwächer wird. Freude nimmt nicht ab, wenn man sie teilt.«

Wenn wir nicht teilen, verhalten wir uns wie ein kleines Kind, das einen Ball geschenkt bekommt und nicht begreift, dass die Freude darin besteht, mit anderen zusammen damit zu spielen. Klar, wir können den Ball an uns pressen und stolz darauf beharren, Eigentümer dieses wunderschönen Exemplars zu sein. Über kurz oder lang werden andere jedoch entweder das Interesse an uns verlieren oder sich überlegen, wie sie uns diesen Ball abjagen können. Wir begeben uns also entweder in die Isolation mit unserem Ball oder müssen uns wehren gegen Angriffe oder Überfälle. Und womöglich geht der Ball dabei sogar kaputt und keiner hat mehr etwas davon. Das klingt ganz schön albern, oder?

Leider verhalten wir uns aber in größerem Maßstab genauso. Die Schere zwischen denen, die viel besitzen, und denen, die kaum über die Runden kommen, wird immer größer. Der reiche Westen schottet sich mit immer größerem Aufwand gegen den Globalen Süden ab. Die Erde reagiert auf unseren Raubbau mit Veränderungen, welche zunächst diejenigen, die am wenigsten dazu beigetragen haben, ihrer Lebensgrundlagen berauben.

Der Mittlere Pfad Buddhas steht für Mitgefühl und Selbstmitgefühl, für Freude und Mitfreude, für Fürsorge und Selbstfürsorge – also für sowohl – als auch und nicht für entweder – oder. Wenn wir diesen Pfad beschreiten, erleben wir eine ganz andere Form der Fülle und des Reichtums als auf dem Weg der grenzenlosen Gier, der Konkurrenz, des Neids und des Geizes. Trotzdem fällt es in unserer Gesellschaft nicht immer leicht, sich dem Sog des Für-sich-haben-Wollens zu entziehen. Verurteile dich und andere dafür nicht mit erhobenem Zeigefinger. Versuche vielmehr, Qualitäten wie Großzügigkeit, Dankbarkeit und Mitgefühl in dir zu stärken. Dann wird sich dein Verhalten und vielleicht auch das deiner Umwelt im Laufe der Zeit verändern.

STELLE DIR FOLGENDE FRAGEN:

- Wie definierst du Glück und Freude für dich und was tust du, um es zu erlangen?
- Kannst du deine Verbundenheit mit allen Lebewesen spüren und was bedeutet das für dich?

ANREGUNG:

- Überlege dir, was es konkret für dich heißen könnte, deine Freude zu teilen.

»Das ganze
Geheimnis
der Existenz ist,
keine Angst
zu haben.«

Keine Angst zu haben – das sagt sich leicht, aber sollte das möglich sein? Ist Angst nicht eine Energie, die allen Lebewesen eigen ist, ebenso wie der Selbsterhaltungstrieb? Und sind Menschen, die behaupten, vor nichts Angst zu haben, in der Regel nicht entweder dumm oder lügen? Betrachten wir doch einfach mal, wie Angst sich in unserem Alltag meistens zeigt, um uns den Antworten auf diese Fragen zu nähern. Angst entsteht meist durch die Befürchtung, etwas für uns Unangenehmes, Leidvolles könne in der Zukunft eintreten. Es ist also nicht die Angst vor dem Säbelzahntiger, der vor uns steht und uns unmittelbar nach dem Leben trachtet, sondern wir malen uns aus, er könne sich – um im Bild zu bleiben – morgen, übermorgen oder irgendwann auf uns stürzen. Fast all unsere Ängste beziehen sich auf eine ungewisse Zukunft. Aus diesem Grund empfiehlt Buddha, sich nicht in angstvollen Vorstellungen in Bezug auf die Zukunft zu verlieren, sondern im Moment zu leben und sich immer wieder neu in der Gegenwart zu verankern. Was zählt, ist nicht das, was vielleicht geschehen wird, sondern das, was jetzt ist.

Ein weiterer wesentlicher Aspekt unserer Angst besteht in der Illusion eines isoliert vom Rest der Welt existierenden Selbst. Buddha sagt, dieses Selbst, das wir glauben, verteidigen und gegenüber anderen abgrenzen zu müssen, gebe es gar nicht. Heißt das, wir kämpfen um etwas, das gar nicht existiert? Was bedeutet es konkret, wenn es kein Selbst gibt? Jeder normale Mensch identifiziert sich doch mit seinem Körper, seinen Empfindungen, Gefühlen und Gedanken. Das macht doch unsere Identität aus – oder etwa nicht? Zu diesem Thema ist ein Gespräch von Buddha mit seinen Anhängern überliefert:

WO IST DAS SELBST?

»Mönche, können wir die Dinge, die im steten Wandel sind, als Selbst bezeichnen?«, fragt der Buddha. »Nein, Herr, das können wir nicht.« »Sind die sich stets wandelnden Empfindungen des Körpers vielleicht ein Selbst?« »Nein, Herr«, antworteten seine Schüler. »Sind die sich wandelnden Gefühle und Wahrnehmungen ein Selbst?« »Nein, Erhabener.« »Vielleicht sind es ja die sich wandelnden Bewusstseinszustände?« »Nein, Erhabener.« »Letztlich«, fuhr der Buddha fort, »ist all dies frei von einem Selbst.«

Klar, das widerstrebt all unseren Denkgewohnheiten und natürlich brauchen wir so etwas wie ein »funktionales Selbst«, um im Alltag zurechtzukommen. Wir übernehmen unsere Rollen als Mutter, Vater, Ehepartner, Lehrerin, Kollegin, Arzt, Anwältin oder was auch immer und die damit verbundene Verantwortung. Wenn wir uns aber im Sinne Buddhas weise verhalten wollen, identifizieren wir uns nicht komplett mit diesen Rollen, sondern können sie auch wieder loslassen. Ajahn Chah, der bekannte buddhistische Mönch und Buchautor, sagte:

»Es ist ganz einfach. Du bist der, der diese Dinge erfährt. Nicht der, der sie besitzt.«

Wenn wir unsere Rollen oder unser Selbstbild genau unter die Lupe nehmen, wird uns klar, dass sie nichts wirklich Beständiges sind. Wir übernehmen unsere Rollen weiterhin, identifizieren uns aber nicht mehr komplett damit und nehmen uns selbst in der jeweiligen Rolle nicht mehr so wichtig. Das fällt den meisten von uns nicht leicht – zumal, wenn wir einen Beruf ausüben, den wir lieben, oder in unserer Mutter- oder Vaterrolle ganz aufgehen.

Wenn wir den Schritt aber machen, entsteht eine ungeahnte Freiheit und Offenheit jenseits der Grenzen unserer Ich-Vorstellung. Wir fühlen uns verbunden mit allem Leben auf der Erde und unsere Angst vor Veränderung und all dem, was bedrohlich für unser illusionäres Selbstbild sein könnte, löst sich sukzessive auf.

Zugegeben, an diesen Punkt zu gelangen, ist für die meisten von uns ein weiter Weg. Was zählt, ist, dass wir uns überhaupt auf den Weg machen und ein Gespür dafür bekommen, wie es sich anfühlen könnte, frei von Angst zu sein und sich dem Fluss des Lebens hinzugeben.

STELLE DIR FOLGENDE FRAGEN:

- Was sind deine größten Ängste und was könnte dir helfen, sie loszulassen?
- Welche Rollen hast du schon eingenommen in deinem Leben?

ANREGUNG:

- Sprich mit Freunden darüber, welche Selbstbilder sie haben und wie sich diese schon gewandelt haben.

IN DIE STILLE
EINTAUCHEN

»Wenn die
Achtsamkeit etwas
Schönes berührt,
offenbart sie
dessen Schönheit;
wenn sie etwas
Schmerzvolles
berührt, wandelt sie
es um und heilt es.«

Denkst du an Anstrengung, wenn du das Wort »Achtsamkeit« hörst? Oder an Betulichkeit und eine Art von Überempfindlichkeit, die dich eher nerven? Vielleicht können wir ja mit beiden Vorurteilen aufräumen, indem wir versuchen, diesen so häufig benutzten, aber oft missverstandenen Begriff einzukreisen: Ist Achtsamkeit dasselbe wie Aufmerksamkeit? Nein, ist es nicht, aber Achtsamkeit beruht auf unserer Fähigkeit, aufmerksam zu sein, uns zu fokussieren. Aufmerksam und höchst fokussiert ist aber auch eine Katze vor dem Mauseloch oder ein Hund, der einen Ball fangen möchte. Weder die Katze noch der Hund sind sich aber bewusst darüber, dass sie gerade aufmerksam sind. Sie sind es einfach.

Genau dieses Bewusstsein darüber, was wir gerade tun, ist es, was uns Menschen von den Tieren unterscheidet. Wir sind in der Lage, uns selbst dabei zu beobachten, wie wir etwas wahrnehmen oder etwas tun, und so etwas wie einen inneren Beobachter oder eine Beobachterin zu entwickeln. Dadurch bringen wir einen kleinen Abstand zwischen unsere Wahrnehmung und unsere Reaktion auf die Wahrnehmung. Und genau das ist es, was Achtsamkeit ausmacht: Wir wissen, was wir tun, und sind ganz bei der Sache.

Aber warum sollten wir das tun? Was bringt uns Achtsamkeit? Nun, beginnen wir mit der modernen Sichtweise: Mittlerweile gilt als erwiesen, dass Achtsamkeitstraining gut ist für unsere körperliche und mentale Gesundheit, weil es unseren

Stresslevel reduziert und uns aufmerksamer dafür macht, was uns guttut und was nicht. Es stärkt unsere Konzentrationsfähigkeit sowie unsere Fähigkeit, uns zu entspannen, und macht uns dadurch resilienter, das heißt, wir können auch mit Belastungssituationen besser umgehen.

Aus buddhistischer Sicht ist Achtsamkeit der Schlüssel zu innerem Frieden, Gelassenheit und Glück. Dazu eine kurze Geschichte aus dem Zen-Buddhismus:

DAS GEHEIMNIS DES INNEREN FRIEDENS

Drei junge Zen-Schüler waren unzufrieden, weil sie das Gefühl hatten, auch nach Jahren des Studierens der alten Texte und fleißigen Meditierens dem inneren Frieden, den ihr Meister ausstrahlte, noch nicht wirklich näher gekommen zu sein. Eines Tages beschlossen sie, ihn direkt darauf anzusprechen: »Meister, verrate uns doch bitte endlich das Geheimnis deiner Zufriedenheit und inneren Ruhe.« Sprach der Meister: »Wenn ich sitze, sitze ich, wenn ich gehe, gehe ich und wenn ich esse, esse ich.« Mit dieser Antwort waren die Schüler alles andere als glücklich. Einer platzte sofort heraus: »Aber das kann es doch nicht sein. Das tun wir doch auch.« »Nein«, entgegnete der Meister, »genau das tut ihr nicht. Wenn ihr sitzt, denkt ihr schon darüber nach, was ihr danach erledigen wollt. Beim Gehen überlegt ihr, was es heute wohl zu essen gibt. Und beim Essen grübelt ihr darüber nach, wie ihr eure Meditation vertiefen könntet.«

Genauso wie diese Zen-Schüler verbringen auch wir die meiste Zeit. Wir sind mit unserer Aufmerksamkeit nicht da, wo wir uns gerade befinden, oder bei dem, was wir gerade tun, sondern sind in Gedanken bei Vergangenem oder Zukünftigem. Glück und inneren Frieden können wir aber nur dann erleben, wenn wir präsent sind und den Augenblick mit all unseren Sinnen in uns aufnehmen. In dieser Hinsicht hat Achtsamkeit viel gemeinsam mit dem, was der Glücksforscher Mihaly Csikszentmihalyi »Flow« genannt hat, nämlich den als beglückend erlebten mentalen Zustand einer völligen Vertiefung und Konzentration auf eine Tätigkeit.

Achtsame Wahrnehmung umfasst jedoch noch andere Aspekte. Ein wichtiges Kennzeichen, vielleicht das wichtigste überhaupt, ist nämlich, dass sie nicht beurteilt und kein bestimmtes Ziel verfolgt, sondern einfach nur beobachtet. Deshalb können wir uns auch nicht einfach auf unser Meditationskissen setzen und versuchen, einen Zustand des inneren Friedens zu erzwingen. Im Gegenteil: Nur wenn wir bereit sind, alle Gefühle, Empfindungen und Gedanken anzunehmen – die unangenehmen genauso wie die angenehmen –, kommen wir dem inneren Frieden näher. Das ist der heilende Aspekt der Achtsamkeit, wie er in unserem Ausgangszitat angesprochen wird.

Wenn du zum Beispiel deine Atmung beobachtest, was der gängige Einstieg in die Praxis der Achtsamkeit ist, versuchst du nicht, möglichst tief und langsam zu atmen, sondern du lässt sie genau so sein, wie sie ist. Indem du aber nicht versuchst, den Atem zu kontrollieren, geschieht etwas Interessantes: Du entspannst dich und deine Atmung wird langsam und ganz von selbst ruhiger und tiefer. Es klingt paradox, aber in dem Moment, in dem wir die Dinge so akzeptieren, wie sie sind, stellt sich ein Gefühl inneren Friedens ein, was wiederum eine erwünschte Veränderung bewirken kann – und nicht umgekehrt, wie wir uns das immer vorstellen.

Auch wenn du Trauer empfindest, versuchst du im Geist der Achtsamkeit nicht, sie möglichst schnell wieder loszuwerden und dich mit irgendetwas abzulenken. Du nimmst sie an, umarmst sie mitfühlend, ohne dich völlig mit ihr zu identifizieren. Es handelt sich um ein Gefühl, das jetzt da ist, aber wieder vergehen wird. Manchmal geht das relativ schnell und manchmal dauert es länger. Da gibt es weder Richtig noch Falsch.

Ist Achtsamkeitstraining denn nun anstrengend? Ja und nein. Es ist einerseits entspannend, andererseits bedarf es einer gewissen Übung, sich entspannt zu fokussieren und seine Aufmerksamkeit immer wieder klar auszurichten. Es ist wie beim Musizieren und Buddha nannte es auch die »Rechte Anstrengung«.

»Spannst du eine Saite zu stark, wird sie reißen.
Spannst du sie zu schwach, kannst du nicht auf ihr spielen.«

Wie Buddha in unserem Ausgangszitat sagt, lässt Achtsamkeit uns die Schönheit von Dingen und Momenten besonders intensiv erleben – einfach deshalb, weil wir nichts als selbstverständlich nehmen. Es kann so beglückend sein, einfach nur dazusitzen und zu spüren, wie du über deinen Atem mit allem verbunden bist. Oder eine Tasse Tee, nicht mal eben nebenbei getrunken, sondern Schluck für Schluck ganz bewusst – was für ein Genuss!

Und noch etwas: Achtsam zu sein bedeutet nicht, immer ganz langsam auf Zehenspitzen durch die Welt zu gehen, nur noch zu flüstern und sich selbst und andere mit Samthandschuhen anzufassen. Entschleunigung ist zwar hilfreich beim Üben von Achtsamkeit, etwa beim Kochen, Putzen, Abspülen oder Gehen.

Du kannst aber auch achtsam tanzen, trommeln oder was auch immer, solange du Momente des Innehaltens zulässt, in denen du deine Wahrnehmung schärfst und dir dessen bewusst bist, was du gerade tust, fühlst oder denkst. Notwendige Voraussetzung dafür ist nur, dass du dich wirklich auf die eine Sache, die gerade vor sich geht, fokussierst und nicht mehrere Dinge gleichzeitig machst. Achtsames Multitasking ist ein Ding der Unmöglichkeit!

STELLE DIR FOLGENDE FRAGEN:

- Bist du oft nicht wirklich bei der Sache, wenn du etwas tust? Womit beschäftigt sich dein Geist am liebsten?
- Welche Situationen in deinem Alltag eignen sich dazu, Achtsamkeit zu üben?

ANREGUNG:

- Nutze das Zähneputzen als kleine Achtsamkeitsübung. Verfolge deine Bewegungen und die Empfindungen an deinen Zähnen und dem Zahnfleisch ganz genau.
- Vermeide Multitasking zumindest in deiner Freizeit oder in einem definierten Zeitraum so weit wie möglich und widme dich immer nur einer Sache nach der anderen.

»Verweile nicht
in der Vergangenheit,
träume nicht
von der Zukunft,
konzentriere den
Geist auf den
gegenwärtigen
Moment.«

Wenn du deine Gedanken beobachtest, wirst du feststellen, dass sie sich größtenteils entweder mit der Zukunft oder mit der Vergangenheit beschäftigen. Während wir spazieren gehen, planen wir die nächsten Tage oder den nächsten Urlaub, sorgen uns um Dinge, die passieren könnten, denken darüber nach, was wir im letzten Gespräch mit der Chefin hätten besser machen können oder wie schön der letzte Abend mit dem Geliebten war.

Was auch immer das für Gedanken sind, ob negativ oder positiv – oft nehmen sie uns so stark in Beschlag, dass wir kaum wahrnehmen, was aktuell um uns herum passiert. Auch wie es uns selbst geht, wie sich beispielsweise der Rücken anfühlt, ob wir verspannt sind oder müde, registrieren wir meist erst, wenn der Körper durch Schmerzen auf sich aufmerksam macht.

Unser Geist erzählt uns Geschichten, ununterbrochen. Und meist lassen wir ihn plappern. Wenn andere Menschen im Gespräch, wie man so schön sagt, vom Hölzchen aufs Stöckchen kommen, empfinden wir das schnell als anstrengend und werden ungeduldig. Unser eigenes inneres Geplapper geht uns zwar auch manchmal auf die Nerven, wenn wir zum Beispiel abends im Bett von kreisenden Gedanken geplagt werden, meist nehmen wir es jedoch gar nicht wahr. Wir sind daran gewöhnt. Dadurch entgeht uns aber ein großer Teil unserer Gegenwart. Wir kriegen nicht mit, wie es uns hier und jetzt geht. Manchmal leiden wir sogar noch unter etwas, das eigentlich schon vorbei ist, wie es die folgende buddhistische Geschichte zeigt:

IMMERWÄHRENDER DURST

Ein buddhistischer Mönch ist im Zug unterwegs, um ein weit entferntes Kloster zu besuchen. Im Liegewagen über ihm befindet sich ein Mann, der ununterbrochen vor sich hin jammert: »Was habe ich bloß für einen Durst. Ich bin ja so durstig!« Irgendwann erbarmt sich der Mönch, steht auf und besorgt dem Mann etwas zu trinken. Dieser bedankt sich und trinkt gierig die ganze Flasche aus. Als der Mönch gerade am Einschlafen ist, hört er von oben die Stimme des Mannes: »Ich war ja so durstig. War das schrecklich, wie durstig ich war!«

Klingt verrückt, aber mal ganz ehrlich: Kennst du dieses Muster nicht auch? Anstatt sich über die gegenwärtige Situation zu freuen und sie mit allen Sinnen wahrzunehmen, verharren wir gedanklich in einer unangenehmen Situation, die bereits vergangen ist. Nüchtern betrachtet klingt das geradezu masochistisch. In jedem Fall führt es dazu, dass wir uns schlechter fühlen, als es der Situation eigentlich angemessen wäre. Genau von dieser Art des selbst verursachten Leidens können wir uns mit Achtsamkeit und Meditation befreien.

Buddha wurde gefragt: »Was hast du erzielt durch Meditation?«
Buddha sprach: »Nichts. Aber lass mich dir sagen, was ich verloren habe: Ärger, Angst, Depressionen, Unsicherheit, Angst vor dem Alter und dem Tod.«

Was ist jedoch mit positiven Erinnerungen? Ist das nicht etwas, was uns guttut? Was spricht dagegen, in einer schönen Vergangenheit zu schwelgen? Nun, zunächst einmal nichts. Allerdings nur, solange es nicht überhandnimmt. Wenn du dir zum Beispiel Bilder von deiner letzten Reise ansiehst und dabei ein Gefühl von Dankbarkeit dafür entsteht, dass du das erleben durftest, ist das wunderbar. Wenn du das aber tust mit dem Ergebnis, dass du deine aktuelle Situation ablehnst und dir bloß noch wünschst, du könntest der Gegenwart entfliehen, sieht es anders aus. Dann nämlich hinderst du dich daran, auch der Gegenwart etwas abzugewinnen beziehungsweise etwas daran zu ändern, dass es dir jetzt besser geht.

STELLE DIR FOLGENDE FRAGEN:

- Neigst du dazu, dir oft Sorgen in Bezug auf die Zukunft zu machen oder darüber nachzudenken, was du in der Vergangenheit hättest besser machen können?
- Flüchtet sich dein Geist gern in Fantasien und Wunschträume?

ANREGUNGEN:

- Nimm dir regelmäßig die Zeit, dich einfach ruhig hinzusetzen, zu atmen und zu beobachten, welche Art von Gedanken dein Geist produziert, ohne sie zu bewerten.
- Erstelle eine Hitliste, welche Art von Gedanken dich am meisten beschäftigen.

»Es gibt eine
Vollkommenheit
tief inmitten alles
Unzulänglichen.
Es gibt eine Stille
tief inmitten aller
Ratlosigkeit.«

Dies ist eines meiner absoluten Lieblingszitate, vermag es einem doch gerade in schwierigen Lebensphasen Trost zu spenden und Mut zu machen, ohne die Situation schönzureden. Aber Moment mal: Sagt Buddha nicht auch, dass es keine Vollkommenheit gibt in der Welt der Wandlungen und Veränderungen? Ja, in der Tat, das tut er. Und trotzdem steht diese Aussage nicht im Widerspruch dazu, dass die Vollkommenheit eben doch existiert – allerdings auf einer tieferen Ebene und nicht in unserem Alltagsleben.

Bei der Meditation versuchen wir in der Stille bewusst, mit dieser Vollkommenheit in uns in Kontakt zu treten. Manche bezeichnen diese Ebene auch als einen göttlichen Urgrund, aber du musst nicht an Gott glauben, um diesen Ort in dir, an dem alles gut, vollkommen und in Frieden ist, zu erspüren. Vielleicht hast du bereits Situationen erlebt, in denen du nicht mehr weiterwusstest, Lebensphasen, in denen du dich von allem überfordert fühltest und kurz davor warst, aufzugeben. Vielleicht hast du dich hingesetzt und einfach nur noch geweint oder du bist im Wald spazieren gegangen, hast einfach einen Fuß vor den anderen gesetzt, ohne zu denken, und plötzlich war da diese Ruhe in dir. Plötzlich konntest du spüren, dass es trotz all deines Kummers und deiner ungelösten Probleme etwas tief in dir gibt, das ruhig, klar und unberührt bleibt von all dem, was dich umtreibt.

Es ist schwer zu beschreiben oder gar rational zu erklären, was da passiert – und trotzdem ist es nichts Esoterisches, nichts, was nur Menschen vorbehalten ist, die besondere Fähigkeiten hätten, Verbindungen zu einer höheren Macht oder was auch immer aufzunehmen. Es kann auch im Alltag geschehen, wenn wir uns Zeit nehmen, aus dem Hamsterrad des ständigen Tuns und Machens, des Denkens und Redens auszusteigen, und einfach zur Ruhe kommen.

»Lerne dies vom Wasser: Laut plätschert der Bach, aber die Tiefe des Ozeans ist ruhig. Was nicht voll ist, macht Lärm. Was voll ist, ist still.«

In diesem Zitat vergleicht Buddha die Tiefe des Ozeans mit dem Ort der Vollkommenheit. Er ist still, weil er voll ist, weil nichts fehlt, weil nichts getan werden muss. Der so laut vor sich hinplätschernde Bach ist ein Bild für unseren inneren Monolog, das Plappern in uns, das so schwer zu beruhigen ist. An manchen Tagen gelingt es uns besser, an anderen schlechter, aber das ist nicht schlimm. Es geht ja auch gar nicht darum, das Geplapper total zum Schweigen zu bringen. Es reicht völlig, wenn das Plätschern, um im Bild zu bleiben, in den Hintergrund und die Stille mehr in den Vordergrund gerät. Du nimmst das Plappern noch wahr, schenkst ihm jedoch keine Aufmerksamkeit mehr, sondern beobachtest, wie sich die Ruhe mehr und mehr in dir ausbreitet. Und mit der Ruhe geht das Gefühl einher, dass alles gut ist, alles vollkommen ist. Es fehlt dir an nichts. Du bist erfüllt.

Klingt das utopisch oder realitätsfremd für dich? Ist es aber nicht, solange du nicht glaubst, du könntest das zu einem Dauerzustand machen. Das wäre dann so etwas wie Erleuchtung, und davon sind die meisten von uns doch relativ weit entfernt. Was wir aber alle zumindest zeitweise erreichen können, sind

Momente, in denen wir uns frei fühlen von Gier, Verlangen, Ablehnung, Widerständen – von all dem also, was uns daran hindert, inneren Frieden und Erfüllung zu erlangen. Momente, in denen wir nichts brauchen, nichts ersehnen, nichts anders haben wollen, als es ist, sondern einfach nur da sind. Genau das meint der Buddha mit »Was voll ist, ist still«.

Je mehr wir uns indes von unerfüllten oder vielleicht sogar unerfüllbaren Wünschen und kreisenden Gedanken umtreiben lassen, desto weiter entfernen wir uns von diesem Ort der Stille und Vollkommenheit in uns selbst. Es ist eine Illusion, zu glauben, wir würden ihn erreichen, wenn bloß ein Teil der Wünsche in Erfüllung gehen würde. Genau das ist der Trugschluss. Denn dieser Ort ist immer da. Es liegt allein in unserer Hand, mit ihm in Kontakt zu treten – jetzt und nicht in der Zukunft!

STELLE DIR FOLGENDE FRAGEN:

- Kennst du den Ort der Stille und Vollkommenheit in dir?
- Weißt du, wie du am besten mit ihm in Kontakt treten kannst?
- Was hält dich davon ab, es öfter zu tun?

ANREGUNGEN:

- Nimm dir jeden Tag wenigstens eine Viertelstunde Zeit, um zur Ruhe zu kommen und in dich hineinzuhorchen.
- Gehe in eine Meditationsgruppe in deiner Nähe. Die Gruppe wird dich unterstützen, zur Ruhe zu finden.

»Nimm dir
jeden Tag die Zeit,
still zu sitzen
und auf die Dinge
zu lauschen.
Achte auf die
Melodie des Lebens,
welche in dir
schwingt.«

Wenn es uns bloß nicht so schwerfallen würde, still zu sitzen! Den meisten von uns zumindest. Freilich gibt es auch diejenigen, die nicht in die Pötte kommen und denen man am liebsten sagen möchte, dass sie sich doch endlich mal in Bewegung setzen sollen. Doch diese Art von Stillsitzen auf dem Sofa, die von Trägheit, mangelnder Selbstdisziplin und Faulheit zeugt, ist natürlich nicht gemeint. Im Gegenteil: Still zu sitzen und auf die Dinge zu lauschen, bedarf eines ausgesprochen wachen, motivierten Geistes. Ja, ehrlich gesagt kann diese Art von Stillsitzen sogar ziemlich herausfordernd und vor allem ungewohnt sein.

Wenn du beginnst zu meditieren, können leicht folgende Dinge passieren: Entweder du döst und träumst nach kurzer Zeit mehr oder weniger friedlich vor dich hin oder du konzentrierst dich so angestrengt auf den Atem und versuchst, die aufkommenden Gedanken zu verscheuchen, dass du bald völlig verspannt bist und dein Atem alles andere als frei fließt. Manchmal wechselt man auch zwischen den beiden Zuständen hin und her und gibt irgendwann frustriert auf.

Wie aber findest du zu einer »Wohlspannung« von Körper und Geist, in der du wach, aber auch entspannt bist? In dem Begriff »Lauschen« stecken eine ganze Menge hilfreicher Hinweise darauf, worauf es ankommt beim Meditieren und Stillsitzen. Stell dir vor, du bist im Wald und versuchst, ein Geräusch, vielleicht eine Tierstimme zu identifizieren. Beim Lauschen öffnest du dich für das Außen und bist ganz still und aufmerksam. Körperlich betrachtet, sind es die Ohren, die daran beteiligt sind, aber unwillkürlich streckst du auch die Wirbelsäule und vor allem den Hals nach oben, sodass du ganz aufrecht sitzt oder stehst, ohne dich dafür anstrengen zu müssen. Deine Atmung ist ruhig und tonlos, damit du nicht abgelenkt wirst. Vielleicht schließt du die Augen, um dich ganz auf deinen Hörsinn zu konzentrieren, oder du schaust in die Ferne, ohne etwas zu fokussieren.

Beim Meditieren lauschst du gleichermaßen nach innen und nach außen. Genau genommen unterscheidest du nicht mehr zwischen innen und außen, zwischen Ich und Nicht-Ich. Du nimmst vielmehr deine Verbundenheit mit allem wahr und lauschst der Melodie des Lebens oder dem Fluss des Universums, wie es im folgenden Zitat heißt.

»Wenn du still genug bist, wirst du den Fluss des Universums hören. Du wirst seinen Rhythmus spüren. Lass dich von diesem Fluss leiten. Glück liegt vor dir. Meditation ist der Schlüssel.«

Hast du schon einmal versucht, in der Natur zu meditieren? Wenn du mal die Gelegenheit haben solltest, am Meer zu meditieren, verbindet sich deine Atmung vielleicht mit dem Rhythmus der Wellen, ohne dass du dies bewusst steuerst. Meditationen bei Sonnenauf- oder Sonnenuntergang können ebenfalls eine ganz besondere Erfahrung sein. Nicht nur die Lichtverhältnisse ändern sich dabei, sondern auch die Geräusche in der Natur, die Stimmen der Tiere, und du kannst den Prozess des ständigen Wandels direkt miterleben. Aber es kommt gar nicht auf eine besondere äußere Intensität an: Im Garten, in einem Park, an einem Fluss oder wo auch immer in der Natur, wo du ungestört sitzen oder ruhig und achtsam gehen kannst, kannst du ebenso Ruhe und Verbundenheit mit allem, was dich umgibt, erleben. Gehmeditation ist eine gute Möglichkeit für alle, denen es schwerfällt, ruhig zu sitzen, oder als Abwechslung. Entscheidend ist letztlich nur, dass es dir gelingt, wirklich präsent zu sein im Hier und Jetzt.

»Lass deinen Geist still werden wie einen Teich im Wald. Er soll klar werden, wie Wasser, das von den Bergen fließt. Lass trübes Wasser zur Ruhe kommen, dann wird es klar werden, und lass deine schweifenden Gedanken und Wünsche zur Ruhe kommen.«

Natürlich werden die Gedanken nach wie vor auftauchen, aber du versuchst einfach, sie ziehen zu lassen wie Wolken am Himmel – und das gelingt dir mal besser und mal weniger gut. Mach dir keinen Stress daraus, aber warte auch nicht darauf, dass solche Momente sich von selbst ergeben, sondern plane Zeiten für Ruhe und Meditation fest in deinem Tagesablauf ein. Und wenn du es nicht jeden Tag schaffst, dann vielleicht jeden zweiten Tag.

STELLE DIR FOLGENDE FRAGEN:

- Bei welchen Gelegenheiten kannst du am besten in dich hineinlauschen? Wie klingt deine Melodie des Lebens?
- Was hält dich davon ab, in dich hineinzulauschen?

ANREGUNG:

- Suche dir Plätze in der Natur, an denen du eine besondere Resonanz spürst.

WAS DIE WELT EIN BISSCHEN BESSER MACHT

»Es nützt nichts,
ein
guter Mensch
zu sein,
wenn man
nichts tut.«

Hat dich dieses Zitat auch an Erich Kästners berühmten Buchtitel: »Es gibt nichts Gutes außer: Man tut es« erinnert und damit an einen ganz und gar nicht spirituellen Kontext? Allemal ist es ein deutlicher Appell an diejenigen, die meinen, mit dem Lesen von spirituellen Büchern oder einer regelmäßigen Meditationspraxis sei es getan. Natürlich gab und gibt es buddhistische Mönche, die sich monatelang in irgendwelche Höhlen oder Hütten zurückzogen, um ungestört zu meditieren und sich ihren Studien zu widmen. Und auch für Laien werden ein- oder mehrwöchige Retreats angeboten, die einem ermöglichen, sich für eine begrenzte Zeit aus dem Alltag auszuklinken. Das bedeutet aber keineswegs, dass ethisches und soziales Handeln im Buddhismus keine Rolle spielen würde.

Lehrende, die den sogenannten engagierten Buddhismus vertreten, legen einen ganz besonders starken Fokus auf das ethische Handeln. Aber auch in allen anderen buddhistischen Traditionen wird ein Mensch letztlich an seiner Lebensweise gemessen und nicht daran, ob er klug und scheinbar weise daherreden kann. Was wirklich zählt, ist die Art, wie jemand seine Mitmenschen und andere lebendige Wesen behandelt, womit er sein Geld verdient oder wie er mit den Ressourcen unseres Planeten umgeht.

Aber keine Sorge, dahinter steht kein moralischer Rigorismus, kein erhobener Zeigefinger, der es verbietet, im Leben

Spaß zu haben. Wenn wir bei dem, was wir tun, darauf achten, dass es nicht nur unserem eigenen Wohlbefinden dient, sondern auch dem anderer, beziehungsweise auf Dinge verzichten, die weder uns noch anderen guttun, sind wir auf dem richtigen Weg.

In der buddhistischen Tradition spricht man von den fünf Silas oder Tugendregeln. Der 2022 verstorbene bekannte vietnamesische Mönch und buddhistische Lehrer Thich Nhat Hanh hat fünf Achtsamkeitsübungen formuliert, die sich an diesen Regeln orientieren. Dass er sie Übungen nannte, weist schon darauf hin, dass es sich nicht um strikte Gebote handelt: Vielmehr geben sie uns eine Richtung vor, in die wir unsere Aufmerksamkeit in unserem Alltagsleben lenken können. Alle Übungen basieren auf der Einsicht, dass wir Menschen nicht getrennt voneinander und von unserer Umwelt existieren. Wenn wir das erkennen, ist es nur natürlich, unsere Liebe und unser Mitgefühl auf alle Lebewesen auf der Erde auszudehnen oder, wie Thich Nhat Hanh es ausdrückt:

»Alles, was wir für uns selbst tun,
tun wir auch für andere, und alles, was wir für andere tun,
tun wir auch für uns selbst.«

In der **ersten Achtsamkeitsübung** geht es um die Ehrfurcht vor dem Leben, also darum, das Leben aller Lebewesen zu schützen und keine Form des Tötens zu unterstützen. Da die Ursachen von Gewalt meist in Ärger, Gier, Angst und Intoleranz liegen, sollten wir jegliche Form von Dogmatismus und Fanatismus meiden und anderen Menschen und Kulturen möglichst unvoreingenommen und tolerant begegnen.

Die **zweite Achtsamkeitsübung** widmet sich dem, was wahres Glück ausmacht, und regt dazu an, sich im Teilen und in Großzügigkeit zu üben. Dazu gehört auch die Einsicht, dass es nicht die äußeren Bedingungen, nicht Reichtum und Besitz sind, von denen es abhängt, ob wir glücklich sind oder nicht.

Um die wahre Liebe geht es in der **dritten Achtsamkeitsübung**, die uns dazu auffordert, unsere sexuelle Energie so zu lenken, dass wir andere Menschen nicht damit verletzen. Sie legt uns nahe, eine liebevolle, verantwortungsvolle Beziehung zu anderen Menschen einzugehen, die von Güte, Mitgefühl, Freude und Unvoreingenommenheit gekennzeichnet sind. Wahre Liebe ist da, wo zwei Menschen sich gegenseitig respektieren, sich Raum lassen und sich in ihrer Entwicklung und Entfaltung fördern. Das heißt auch, den anderen nicht nach den eigenen Vorstellungen verändern zu wollen, sondern ihn zu lassen, wie er ist, eventuell auch loszulassen, wenn das notwendig ist.

»Wenn unsere Achtsamkeit diejenigen einschließt,
die wir lieben, blühen sie wie Blumen auf.«

Bei der **vierten Achtsamkeitsübung** geht es um Kommunikation. Wie schnell kann es passieren, dass wir durch eine unbedachte Äußerung etwas auslösen, was wir eigentlich gar nicht wollten. Insbesondere cholerisch veranlagten Menschen fällt es schwer, sich zu zügeln, und erst mal tief durchzuatmen oder vielleicht einfach kurz den Raum zu verlassen, wenn Wut und Ärger in ihnen hochkochen. Sicher, manchmal muss etwas für den anderen Unangenehmes auch gesagt werden! Spontaneität, so wertvoll und beglückend sie sein mag, wenn wir etwas Nettes, Wertschätzendes ausdrücken wollen, ist jedoch meist kontraproduktiv, wenn wir Kritik äußern möchten. Und zum achtsamen Sprechen gehört auch das achtsame Zuhören sowie die Bereitschaft, sich in eine andere Perspektive zu versetzen und nicht immer recht haben zu wollen.

Die **fünfte Achtsamkeitsübung** schließlich widmet sich dem Konsum auf allen Ebenen. Trägt das, was wir essen und trinken, was wir uns kaufen, was wir lesen oder streamen, uns im Internet oder Fernsehen zu Gemüte führen, zu unserer körperlichen und geistigen Gesundheit bei? Und welche Folgen hat unser Konsum für unsere Umgebung, für andere Menschen und Lebewesen, für die Erde? Trägt es auch zu deren Wohlergehen bei oder verschwenden wir Ressourcen, leben auf Kosten anderer?

»Puh, das sind ganz schön hohe Ansprüche«, magst du dir jetzt denken. Stimmt, aber wie schon zu Beginn gesagt, geht es nicht darum, sie in Gänze zu erfüllen und ein perfekter, »heiliger« Mensch zu werden. Wenn du dir im Alltag aber regelmäßig die eine oder andere Achtsamkeitsübung ins Gedächtnis rufst, überfordert dich das nicht, sondern bereichert dein Leben. Denn ethisches, werteorientiertes Handeln ist nicht per se anstrengend, sondern kann im Gegenteil sogar zutiefst befriedigend sein, oder wie es der Dalai Lama ausdrückt:

> »Unser Handeln im Alltag bestimmt,
> ob wir glücklich sind oder nicht.«

Wenn du das Gefühl hast, dass du mit dem, was du tust, wie du lebst und mit anderen umgehst, nur ein kleines bisschen beitragen kannst zum Wohl des großen Ganzen, wird dich das zumindest längerfristig sehr viel zufriedener und glücklicher machen, als wenn du ausschließlich versuchst, deine eigenen Bedürfnisse zu erfüllen. Das sagt nicht nur die buddhistische Lehre, sondern auch die moderne Glücksforschung.

STELLE DIR FOLGENDE FRAGEN:

- Welche ethischen Werte sind dir wichtig?
- Welche Achtsamkeitsübung spricht dich besonders an?
- Gibt es eine Achtsamkeitsübung, die eher Widerstand in dir hervorruft, und wenn ja, warum?

ANREGUNGEN:

- Wähle eine der fünf Achtsamkeitsübungen aus und nimm dir vor, dich ihr eine Woche lang besonders zu widmen und dein Verhalten zu beobachten.
- Sprich mit Freunden, Partnerin/Partner oder Familienangehörigen über deine ethischen Werte.

»Schon durch aufmerksames Zuhören lindern wir Schmerzen und Leiden.«

Wir alle wünschen uns, dass andere uns zuhören. Bei Kindern kann man gut beobachten, wie sie es geradezu zu erzwingen versuchen, gehört und beachtet zu werden – selbst wenn sie manchmal gar nicht genau wissen, was sie sagen wollen. Gehört und gesehen zu werden, ist ein urmenschliches Bedürfnis, das wir alle von Geburt an teilen. Die Fähigkeit, zuzuhören, entsteht entwicklungspsychologisch später, ist aber für unser soziales Miteinander und unser geistiges Wachstum nicht weniger wichtig – vielleicht sogar wichtiger.

Sicher kennst du auch diese Gespräche, die man eigentlich gar nicht als Dialog bezeichnen kann, sondern eher als aufeinanderfolgende Monologe, die sich kurzfristig überschneiden. Kaum erzählt einer etwas, sucht der andere schon einen Anknüpfungspunkt, um die eigene Geschichte loszuwerden oder den eigenen Standpunkt zu vertreten. Die nur scheinbar Zuhörenden machen sich nicht die Mühe, zu verstehen, was der andere sagen möchte. Hauptsache, sie kommen selbst zu Wort.

Das ist meist nicht böse gemeint. Manche Menschen sind einfach randvoll mit Geschichten, Meinungen und Informationen, die sie loswerden möchten, dass ihnen überhaupt nicht auffällt, wenn sie ihr Gegenüber nicht wahrnehmen. Insbesondere die Ungeduldigen unter uns neigen zu diesem Kommunikationsverhalten, das nicht nur achtlos und respektlos gegenüber den Gesprächspartnern ist. Sie verpassen dabei auch die Chance, selbst etwas Neues zu erfahren. Der Dalai Lama hat das treffend formuliert:

»Wenn du sprichst, wiederholst du nur,
was du schon weißt; wenn du aber zuhörst,
kannst du unter Umständen etwas Neues lernen.«

Zuzuhören hat viel mit Ruhe, Geduld und Offenheit zu tun. Es bedarf der Fähigkeit, sich zurückzunehmen, seine eigenen Impulse zu kontrollieren und andere Perspektiven einzunehmen. Im Grunde ist es eine besondere Art von Achtsamkeitsübung, die wir im Alltag praktizieren und regelmäßig üben können. Und wie immer bei Übungen braucht es dazu ein bisschen Disziplin, um eingefahrene Muster zu überwinden.

Eine wunderbare Übung, auch »Herzzeit« genannt, besteht darin, dass jeder der zwei Redepartner zehn Minuten Redezeit bekommt, in denen er versucht, das auszudrücken, was ihm gerade auf dem Herzen liegt, was ihn beschäftigt, traurig, glücklich oder nachdenklich macht. Der oder die andere hört nur zu, stellt keine Fragen und kommentiert auch nichts, sondern spricht in seiner Redezeit nur über das, was in ihm vorgeht, ohne sich auf das zuvor Gesagte des Partners zu beziehen. Das ist gar nicht so einfach durchzuhalten, doch wenn Paare das regelmäßig praktizieren, erfahren sie oft mehr übereinander als durch »normale« Gespräche.

Es kann auch schon helfen, sich in einem Gespräch bewusst zurückzulehnen und den anderen sprechen zu lassen, ohne gleich »den eigenen Senf« dazuzugeben. Um sicher zu sein, ob du den anderen wirklich verstanden hast, kannst du versuchen, das von ihm Gesagte in deinen Worten wiederzugeben, ohne deine persönliche Meinung dazu kundzutun. Oft brauchst du auch gar nichts zu sagen, sondern einfach nur präsent sein, dem anderen in die Augen zu sehen, ihn in den Arm zu nehmen oder ihn anzulächeln. Thich Nhat Hanh hat das folgendermaßen beschrieben:

»Wenn die Kraft der Achtsamkeit und des mitfühlenden Zuhörens in dir ist, kann deine Gegenwart eine heilende und beruhigende Wirkung auf andere ausüben. Du brauchst nur dazusitzen und dem Menschen, der sich dir anvertraut, zuzuhören.«

Sicher kannst du dich auch an Situationen erinnern, in denen du dich durch diese Art des Zuhörens wirklich gehört, gesehen, also verstanden gefühlt hast. Doch nicht nur für den Sprechenden, auch für den Zuhörenden kann eine solche Kommunikation ein Geschenk sein, das verbindet und ein tiefes Gefühl von Dankbarkeit für das gegenseitige Vertrauen hinterlässt.

STELLE DIR DIE FOLGENDEN FRAGEN:

- Fällt es dir schwer, zuzuhören, und wenn ja, warum?
- Beginnst du ein Gespräch meist mit eigenen Inhalten oder mit Fragen an dein Gegenüber?

ANREGUNG:

- Lehne dich in Gesprächen öfter mal zurück und lasse auch Pausen zu, wenn dein Gegenüber dir etwas erzählen möchte, aber ins Stocken kommt. Du musst nicht jede Pause füllen.

»Vergangene Liebe
ist bloß Erinnerung.
Zukünftige Liebe
ist ein Traum und
ein Wunsch. Nur in
der Gegenwart können
wir wirklich lieben.«

Das mit der Liebe ist nun wirklich nicht einfach! Was weiß denn schon ein Buddha, womit wir uns in unseren Beziehungen herumquälen und wie schwer es ist, im Alltag eine Liebe aufrechtzuerhalten? Ja, in der Anfangsphase des Verliebtseins sind wir ganz präsent und sogar so auf unseren Liebsten oder unsere Liebste konzentriert, dass wir kaum noch etwas anderes wahrnehmen. Sind wir jedoch nach dieser rosarot gefärbten Phase im schnöden Alltag gelandet, sehen wir Eigenschaften und Verhaltensweisen bei unserem Partner, die wir so gar nicht liebenswert finden. Wir sehnen uns zurück nach den Anfangszeiten unserer Beziehung oder fantasieren uns eine Zukunft, in der sich der Partner oder die Partnerin wieder in dieses fantastische Wesen zurückverwandelt, in das wir uns verliebt hatten. Insbesondere wir Frauen widmen uns gern dem stets zum Scheitern verurteilten Projekt »Wie ändere ich meinen Mann?«. Weit davon entfernt, den Partner so zu lieben, wie er ist, richten wir unsere Liebe wehmütig auf eine imaginäre Person, die er vermeintlich einmal war oder die er hoffentlich in der Zukunft werden könnte.

Geschieht dies nicht, tendieren wir vor allem in jungen Jahren dazu, uns erneut auf die Suche nach einem Partner, einem Prinzen oder einer Prinzessin zu begeben, der/die wirklich zu uns passt, uns ganz versteht und bedingungslos liebt. Wir träumen von jemandem, der einerseits genau gleich empfindet wie wir, andererseits aber ganz anders ist und uns auf ideale Weise ergänzt – von einem Fantasiewesen also, das all unsere Bedürfnisse erfüllt, wir aber mit an Sicherheit grenzender Wahrscheinlichkeit nie finden werden.

Irgendwann in unseren mittleren Jahren geben wir meist den Traum vom Idealpartner auf und gehen Kompromisse ein, weil wir nicht allein, sondern mit jemandem an unserer Seite leben wollen. Wenn es gut läuft, entwickelt sich so im Laufe der Zeit eine Beziehung, die nicht mehr primär von Vorstellungen und eigenen Bedürfnissen, sondern mehr von Liebe und gegenseitigem Respekt geprägt ist.

»Bedenke, dass die beste Beziehung die ist,
in der jeder Partner den anderen mehr liebt als braucht.«

Dieses Zitat stammt vom Dalai Lama, den ich auch deshalb so schätze, weil er ein so realistischer, mitfühlender und humorvoller Mensch ist. Statt die in manchen esoterischen Kreisen so beliebte Illusion zu nähren, wahre Liebe fände ganz und gar jenseits von Bedürftigkeit statt, spricht er von einer Balance zwischen Lieben und Brauchen. Wir sind nun mal unvollkommene Wesen, die nicht in der Lage sind, ganz und gar selbstlos zu lieben – schon gar nicht in unseren Liebesbeziehungen. Das macht uns nicht zu schlechten Menschen. Wenn du allerdings das Gefühl haben solltest, dass du und dein Partner euch durch das gegenseitige Brauchen mehr einengt, als dass ihr einander fördert und unterstützt, solltet ihr genau und ehrlich hinschauen.

Kommen wir noch einmal zurück auf das Thema des Ausgangszitates, dass Liebe nur in der Gegenwart stattfinden kann. Ein großer Stolperstein in langjährigen Beziehungen besteht in dem großen, ja, fatalen Irrglauben, den Partner in- und auswendig zu kennen. Wer meint, genau zu wissen, wie der andere tickt, hat naturgemäß einen alles andere als vorbehaltlosen Blick auf den anderen. Da treffen dann zwei Menschen zwar in der Gegenwart aufeinander, tragen aber jeweils eine Brille, die von vergangenen Erfahrungen so stark gefärbt ist, dass sie sich gar nicht wirklich im Hier und Jetzt begegnen. Die größte Herausforderung jeder langjährigen Beziehung besteht vermutlich darin, sich immer wieder neu mit dem sogenannten »Anfängergeist« zu betrachten. Dafür braucht es regelmäßigen Austausch sowohl über gemeinsame Erfahrungen als auch über das, was jeder für sich allein macht. Nur dann können sich beide Partner weiterentwickeln und wachsen und die Liebe kann lebendig bleiben.

STELLE DIR FOLGENDE FRAGEN:

- Flüchtest du in Sachen Liebe oft in Erinnerungen oder in Fantasien, was zukünftig sein könnte?
- Was macht es schwierig, deinen Partner / deine Partnerin in der Gegenwart zu lieben?

ANREGUNGEN:

- Schaffe bewusst Situationen, in denen dein Partner und du euch ganz in der Gegenwart begegnen. Das können Gespräche sein, aber auch Massagen oder gemeinsames Tanzen.
- Probiere immer mal wieder etwas Neues mit deinem Partner oder deiner Partnerin aus und vermeide zu viele Routinen.

»Wer sich jeglicher Art von bedeutungslosem Geschwätz hingibt, zerstreut den eigenen Geist.«

Normalerweise finden buddhistische Retreats im Schweigen statt und die Teilnehmenden sprechen ausschließlich mit der Leiterin oder dem Leiter des Retreats in kurzen Einzelsitzungen darüber, wie es ihnen beim Meditieren geht. Es gibt aber auch buddhistische Lehrer, die Wert darauf legen, dass die Teilnehmer sich in achtsamem Sprechen üben. Schließlich spielt es im Alltag eine große Rolle und wir sind oft in ungünstigen Mustern gefangen. Achtsames Sprechen heißt nicht, dass wir alle ganz lieb zueinander sind, uns nur nette Sachen sagen oder Honig um den Mund schmieren.

Wahrscheinlich hast du schon einmal von dem Konzept der »Gewaltfreien Kommunikation« (GFK) gehört, entwickelt von dem US-Amerikaner Marshall B. Rosenberg. Dabei handelt es sich um eine wertschätzende Art, miteinander zu kommunizieren, die auf Kooperation und kreative Konfliktlösung hinzielt. Wichtig dabei sind Ich-Botschaften, in denen den Gesprächspartnern nichts unterstellt wird und mit denen man sie auch nicht zu bestimmten Handlungsweisen oder Ansichten nötigen möchte. Es gibt noch eine Menge anderer Regeln, die hier aber nichts zur Sache tun. Die Grundsätze der Gewaltfreien Kommunikation passen jedoch gut zu dem, was man im buddhistischen Sinne unter achtsamer Kommunikation versteht.

Genauso wie wir die Macht unserer Gedanken unterschätzen, machen wir uns oft nicht klar, wie viel Einfluss unsere Art, zu sprechen und zuzuhören, auf unser Miteinander hat – im

Positiven wie im Negativen. Wie oft sagen wir Dinge einfach so dahin, ohne uns Gedanken darüber zu machen, mit welcher Absicht wir das tun und welche Wirkung sie haben können. Buddha sagt:

»Mit unseren Worten können wir entweder helfen, heilen, lieben und Rückhalt geben oder verletzen und Geringschätzung ausdrücken. Unsere Worte können nützen oder schaden, anderen und uns selbst.«

Allzu oft lassen wir uns in Klatsch und Tratsch verwickeln oder zetteln ihn selbst an, weil wir uns wichtigmachen oder auf bestimmte Weise positionieren wollen. Wenn das ab und zu passiert, ist das nicht so schlimm. Ein bisschen Gossip schafft manchmal auch einfach Verbindung und bringt Spaß. Überhandnehmen sollte diese Art der Kommunikation aber nicht. Die Geschichte von den drei Sieben macht auf humorvolle Weise klar, worauf wir zumindest achten können:

DIE DREI SIEBE

Ein Sufi-Meister bekam Besuch von einem Mann, der aufgeregt sagte: »Hör mir zu, verehrter Meister. Ich muss dir unbedingt berichten, wie dein alter Schüler ...« Der Meister unterbrach ihn, bevor er weiterreden konnte: »Hast du das, was du mir erzählen möchtest, durch die drei Siebe gesiebt?« »Was für Siebe?«, fragte der Mann etwas ungehalten, weil er seine Geschichte unbedingt loswerden wollte. »Lass uns prüfen, ob das, was du mir mitteilen möchtest, durch die drei Siebe hindurchgeht«, erwiderte der Meister ganz ruhig. »Beginnen wir mit dem Sieb der Wahrheit: Hast du selbst überprüft, ob das, was du sagen möchtest, auch wahr ist?« »Na ja«, sagte der Mann, »das nicht direkt, aber derjenige, der es mir erzählt hat …« »Aha«, unterbrach ihn der Meister erneut, »dann hoffe ich aber sehr, dass du es mit dem zweiten Sieb, dem Sieb der Güte, geprüft hast. Ist es denn etwas Gutes, was du mir mitteilen möchtest?« Der Mann schüttelte den Kopf und sagte: »Nun ja, eigentlich im Gegenteil. Dein Schüler hat nämlich …« Wieder unterbrach ihn der Meister und sprach: »Dann lass uns das dritte Sieb anwenden, das Sieb der Notwendigkeit. Ist es für irgendjemanden notwendig, dass du mir erzählst, was dich so umtreibt?« Da schüttelte der Mann wieder den Kopf und gab zu: »Nun ja, notwendig ist es wahrscheinlich nicht.« Lächelnd, aber bestimmt sagte der Meister daraufhin: »Wenn das, was du mir mitteilen möchtest, weder wahr noch gut noch notwendig ist, dann belaste doch bitte weder dich noch mich noch irgendjemand anderen damit.«

Gut pariert, möchte man doch an dieser Stelle sagen, oder? Vielleicht erinnerst du dich an diese Geschichte, wenn dir das nächste Mal jemand etwas erzählen möchte.

STELLE DIR FOLGENDE FRAGEN:

- Führst du oft Gespräche, in denen du nicht über dich, sondern über andere sprichst, und warum?
- Fällt es dir schwer, mitzuteilen, wie es dir selbst geht?

ANREGUNG:

- Unterbrich deine Gesprächspartner, wenn sie zu viel über andere sprechen wollen, und schau, was passiert.

»Da er das Leiden in jenen sieht, die an ihren Überzeugungen hängen, hat der Weise keine festen Ansichten. Ein weiser Mensch entwickelt keinen Stolz auf seine Meinung.«

Als ich dieses Zitat zum ersten Mal las, war ich ehrlich gesagt ziemlich irritiert. Darf ein weiser Mensch wirklich keine festen Ansichten haben? Gibt es keine weisen Überzeugungen? Nachdem ich eine Weile darüber nachgedacht hatte, kam mir das »Buch der Freude« in den Sinn, das der Dalai Lama zusammen mit Desmond Tutu, dem 2021 verstorbenen südafrikanischen Geistlichen und Menschenrechtsaktivisten, verfasst hat. Diese beiden weisen Männer beschreiben die Fähigkeit, seinen Blickwinkel zu verändern und andere Sichtweisen einzunehmen, als eine der großen Säulen für Freude und Glück. Zwei Männer also, die hierarchisch gesehen an der Spitze ihrer jeweiligen Religionsgemeinschaften stehen, nehmen eine bescheidene, ja, demütige Haltung ein und beharren nicht auf festen Überzeugungen.

Ansonsten ist unsere Welt ja nun leider ziemlich voll von Menschen mit festen Meinungen: Menschen, die ihre Meinung unbedingt glauben, kundtun zu müssen, obwohl keiner sie danach gefragt hat; Menschen, die so überzeugt sind von ihrer Meinung, dass sie anderen gar nicht mehr zuhören, oder die sich mit anderen in Gruppen zusammentun, um Leute mit anderen Ansichten zu diskreditieren. Es ist erstaunlich, wie schnell Menschen sich Meinungen bilden. Das gilt nicht nur für die sozialen Medien, wo die Hemmschwelle besonders niedrig ist. Auch in TV-Talkrunden und persönlichen Gesprächen scheint mir die Anzahl derer, die »Bescheid wissen«, gewachsen zu sein. Manchmal sehne ich mich danach, dass jemand sagt: »Ich weiß es nicht. Ich denke darüber nach, aber ich konnte mir noch keine Meinung bilden.«

Buddhas Zitat geht noch weiter: »Wer könnte sich an jemandem stören, der sich nicht an seine Ansichten klammert? Wer aber an seinen Meinungen festhält, geht allen auf die Nerven.« Stimmt, oder? Und es lässt auch einen Humor und eine Leichtigkeit anklingen, die uns nahelegt: »Nimm dich und deine Ansichten nicht so wichtig.« Die bekannte Parabel vom Elefanten illustriert überdeutlich, worum es dem Buddha geht:

DIE BLINDEN UND DER ELEFANT

Ein Raja forderte einige blind geborene Menschen dazu auf, einen Elefanten zu betasten und anschließend zu beschreiben, was ein Elefant sei. Einige Blinde werden zum Rüssel geführt, andere zu den Stoßzähnen, den Ohren, zum Rumpf, zu den Beinen und zum Schwanz.

Nachdem die blinden Männer den Elefanten befühlt hatten, ging der Raja zu jedem von ihnen und sagte: »Ihr habt also einen Elefanten erlebt, ihr Blinden?« – »So ist es, Majestät. Wir haben einen Elefanten erlebt.« – »Nun sagt mir, ihr Blinden: Was ist denn ein Elefant?« Sie versicherten ihm abwechselnd, der Elefant sei wie ein Topf, ein weicher Korb, eine Pflugschar, ein Schlauch, ein Kornspeicher, eine Säule, ein Mörser, ein Besen oder eine Bürste. Es dauerte nicht lange, da gerieten die Männer in Streit miteinander. Jeder glaubte, die einzig richtige Antwort gegeben zu haben. Der Buddha, der die Situation mit ein paar Mönchen beobachtet hatte, erklärte diesen: »Daran nun eben hängen sie, die Pilger oder Geistlichen; da disputieren, streiten sie als Menschen, die nur Teile sehen.«

Buddha plädiert also dafür, keine festen Ansichten zu haben, sondern immer bereit zu sein, etwas Neues zu lernen. Wenn wir ehrlich sind, müssen wir zugeben, dass das, was wir in diesem Universum wirklich wissen können, sehr begrenzt ist. Wenn etwas sicher ist, dann das, was der weise Buddhist Nagarjuna im 2. Jahrhundert n. Chr. pointiert so formulierte:

> »Es gibt nur eine falsche Sicht der Dinge: der Glaube, meine Sichtweise sei die einzig richtige.«

Auch wenn es dir vielleicht ungewohnt erscheinen mag: Es hat etwas ungemein Entlastendes, Erleichterndes, nicht alles wissen und zu allem eine Meinung haben zu müssen. Einfach mal ausprobieren, wie sich das anfühlt!

Nicht an bestimmten Ansichten und Überzeugungen zu hängen, bedeutet allerdings nicht, keine Haltung zu beziehen und alles der Beliebigkeit preiszugeben. Heilsame geistige Qualitäten werden dadurch ebenso wenig infrage gestellt wie die ethischen Grundlagen des Buddhismus.

STELLE DIR FOLGENDE FRAGEN:

- Wie wichtig ist es dir, zu allem eine Meinung zu haben?
- Fällt es dir schwer, zuzugeben, dass du etwas nicht weißt?

ANREGUNG:

- Versuche möglichst immer, verschiedene Perspektiven einzunehmen, bevor du dir eine Meinung bildest, und betrachte sie als etwas Vorübergehendes.

»An Zorn
festzuhalten ist
wie Gift zu trinken
und zu erwarten,
dass der Andere
dadurch stirbt.«

»Das verzeihe ich dir nie!« – Wer hat das nie gesagt oder doch zumindest gedacht? Jemand hat uns betrogen, belogen, schlecht über uns gesprochen, uns bitter enttäuscht, weil er sich unfair verhalten und uns dadurch in eine schwierige Situation gebracht hat – was auch immer es genau war: Fast jeder hat solche Gemütsverfassungen schon erlebt, in denen er sich nicht vorstellen konnte, sich mit der Person, die ihm das angetan hat, jemals wieder zu versöhnen. In diesem Moment wollen wir diese Person nie wieder sehen, nie mehr mit ihr sprechen, und wünschen ihr alles Schlechte oder, dass sie denselben Schmerz, den sie uns verursacht hat, empfinden möge. Das ist menschlich. Wir wollen den Anderen bestrafen, übersehen dabei jedoch, dass wir uns selbst damit womöglich mehr antun als der anderen Person. Selbst wenn sie darunter leiden sollte, dass wir sie fortan ignorieren oder Schlechtes über sie verbreiten, richten wir den größeren Schaden doch bei uns selbst an.

Ein spontaner Wutausbruch oder eine impulsive Äußerung von Ärger bringt uns zwar kurzfristig aus der Balance, lässt sich aber schnell wieder ausgleichen, wenn die Beteiligten bereit sind, sich zu entschuldigen und einander zu verzeihen. Einem Erleuchteten würde das zwar nicht passieren. Manchmal kann so ein kleiner Zusammenstoß aber sogar heilsam sein, wenn die Versöhnung danach gelingt. Eindeutig destruktiv ist es indes, wenn wir an negativen Emotionen wie Ärger, Zorn, Wut oder

Hass festhalten – und zwar für uns selbst. Womöglich ahnt die Person, gegen die sich die Emotionen richten, gar nichts davon. Und selbst wenn sie es weiß, heißt das nicht, dass es sie großartig tangieren muss. Wer aber auf jeden Fall darunter leidet, ist der oder die Wütende selbst. Je länger wir Wut, Ärger oder Zorn in uns am Köcheln halten, desto nachhaltiger schaden wir uns selbst. Buddha vergleicht die Wut mit einem Stück glühender Kohle:

»Groll mit uns herumtragen ist wie das Greifen nach einem glühenden Stück Kohle in der Absicht, es nach jemandem zu werfen. Man verbrennt sich nur selbst dabei.«

Doch wie können wir uns von Wut, Zorn oder Ärger, die in uns brodeln, befreien? Einfach loslassen? Schön wär's, aber wie soll das gehen? Negative Gefühle zu verdrängen oder so zu tun, als wären wir unangreifbar, kann nicht die Lösung sein. Bleibt also nur, dem anderen zu vergeben – und wenn es noch so schwer erscheint. Um jemandem verzeihen zu können, müssen wir das, was er uns oder jemand anderem angetan hat, weder für gut befinden noch es kleinreden oder vergessen. Es geht nicht darum, »Schwamm drüber, war gar nicht so schlimm« zu sagen. Sich das klarzumachen, ist ungemein wichtig und hilfreich. Um vergeben zu können, brauchen wir vor allem zwei Dinge: Verständnis und Mitgefühl.

Verständnis hat nichts damit zu tun, konkrete Erklärungen für das Verhalten einer Person zu finden. Vielmehr beruht es darauf, dass der Buddhismus von einem guten Kern in jedem Menschen ausgeht und davon, dass Fehlverhalten letztlich nicht auf Bösartigkeit, sondern auf Unwissenheit und Verblendung zurückzuführen ist. Das rechtfertigt dieses Verhalten keineswegs, ist aber die Basis für das Mitgefühl, das wir auch für einen Menschen, der uns oder andere verletzt hat, entwickeln können. Der Dalai Lama hat das zugespitzt so formuliert:

> »Sogar der Feind ist uns nützlich, denn um Mitgefühl empfinden zu können, müssen wir uns in Toleranz, Vergebung und Geduld üben.«

Unser Mitgefühl sollte aber nicht nur der anderen Person gelten, sondern immer auch uns selbst. Deshalb geht es nicht darum, im biblischen Sinne »die andere Wange hinzuhalten« und sich noch mehr verletzen zu lassen. Es bedeutet nicht, dass wir unsere Selbstachtung aufgeben und uns aufopfern. Im Mitgefühl gibt es ein klares Ja, aber auch ein klares Nein, das von der Fürsorge für sich selbst und andere getragen wird. Man spricht deshalb auch vom »scharfen Schwert des Mitgefühls«, das für ein klares Nein zu jeder Art von Missbrauch, Rassismus und Gewalt auf individueller und globaler Ebene steht.

Mitgefühl mit uns selbst lässt die Wut schmelzen und die dahinter liegende Verletzung spürbar werden. Oft treten dann Trauer oder Angst zutage, wenn wir es zulassen. Das tut zunächst einmal weh, aber wir können uns trösten, uns um uns kümmern, dafür sorgen, dass es uns wieder besser geht, und unsere Verletzungen heilen, also Selbstfürsorge praktizieren.

Vielleicht braucht es Zeit, bis wir demjenigen, der uns verletzt hat, wirklich vergeben können. Das hängt von vielen Faktoren ab. Manchmal verläuft ein solcher Prozess des Loslassens von negativen Emotionen und der Vergebung in Wellen, die immer kleiner werden und schließlich abebben.

Wie die anderen reagieren und ob sie an einer Verständigung und Versöhnung überhaupt interessiert sind, haben wir nicht in der Hand, sehr wohl aber, ob wir uns durch das Verhalten eines anderen Menschen längerfristig unseren inneren Frieden rauben lassen oder nicht. Nur wir selbst können unsere Emotionen regulieren. Es liegt in unserer Verantwortung, wie es in unserem Herzen aussieht und welchen Gefühlen in uns wir Nahrung geben: ob wir immer wieder an dieselben alten Geschichten denken und verhindern, dass alte Verletzungen heilen können, oder ob wir uns heilsamen Gefühlen wie Mitgefühl, Liebe und Dankbarkeit zuwenden. Dazu eine kurze Geschichte:

SAND ODER STEIN

Zwei Freunde waren mit ihren Kamelen unterwegs in der Wüste. Während einer kurzen Rast geriet einer der beiden in einer Diskussion über ihren Stammesführer so in Rage, dass er dem anderen wütend mitten ins Gesicht schlug. Dieser schrieb, ohne ein Wort dazu zu sagen, in den Sand: »Heute hat mein Freund mir ins Gesicht geschlagen.« Schweigend stiegen die beiden wieder auf ihre Kamele und ritten weiter bis zu einer Oase, in der sich ein kleiner See befand. Um sich abzukühlen, sprangen sie hinein, doch derjenige, der geschlagen worden war, verfing sich in Schlingpflanzen und war kurz davor, zu ertrinken, als sein Freund ihn gerade noch retten konnte. Nachdem er sich von dem Schreck erholt hatte, ging der Gerettete zu einem Felsen und ritzte die Worte in den Stein: »Heute hat mir mein Freund das Leben gerettet.«
»Ich verstehe das nicht«, sprach der andere. »Warum hast du deine Worte nach unserem Streit in den Sand geschrieben und die nach deiner Rettung in den Stein geritzt?«

Da antwortete der Gerettete: »Wenn uns jemand wehtut, uns kränkt oder beleidigt, sollten wir es in den Sand schreiben, damit der Wind des Verzeihens es leicht und schnell wieder aus unserem Gedächtnis löschen kann. Wenn uns hingegen jemand etwas Gutes tut, sollten wir es fest in einen Stein ritzen, sodass kein Wind es löschen und die Zeit es nicht vergessen machen kann.«

STELLE DIR FOLGENDE FRAGEN:

- Trägst du alten Groll, Wut oder Enttäuschungen mit dir herum, die du loslassen könntest?
- Wem kannst du nicht verzeihen und welche Auswirkungen hat das auf dich und andere?

ANREGUNGEN:

- Schreibe dir auf, was du anderen Menschen nachträgst, und überlege, auf welche Weise du Versöhnung erreichen könntest.
- Schreibe Briefe, die du nicht abschicken musst, an Personen, mit denen du keinen Kontakt mehr hast, denen du aber verzeihen möchtest.

»Wenn der Regen
gleichermaßen
auf Gerechte und
Ungerechte fällt,
belaste dein Herz
nicht mit Urteilskraft,
sondern lass deine
Güte auf alle regnen.«

In diesem Zitat spricht der Buddha etwas an, das in den meisten von uns zwiespältige Gefühle auslöst. Unsere Güte und unser Mitgefühl sollen nicht nur denjenigen vorbehalten sein, die wir als gute oder zumindest unschuldige Menschen betrachten, sondern auch jenen gelten, die anderen Schaden zugefügt haben. »Moment mal!«, wirst du jetzt denken, »da besteht doch aber ein gewaltiger Unterschied, der nicht unter den Tisch fallen darf, oder?« Ja und nein, lautet die buddhistische Antwort auf diese wirklich nicht einfache Frage. Ja, denn natürlich trägt jeder Mensch eine Verantwortung für das, was er tut oder sagt, sofern er nicht unzurechnungsfähig ist. Und das bedeutet, dass er mit Konsequenzen für seine Tat rechnen und in strafrechtlich relevanten Fällen eine Gefängnisstrafe absitzen, eine Geldstrafe bezahlen oder einen Sozialdienst leisten muss. Das gebietet allein schon die Fürsorgepflicht, die jede Gesellschaft für ihre Mitglieder hat. Dies trifft im Kleinen auch auf Familien oder andere Gemeinschaften zu, wenngleich die Konsequenzen dann natürlich nicht so drastisch sind.

Gleichzeitig gilt aber im Buddhismus die Überzeugung, dass alle Wesen danach streben, glücklich zu sein – und dass alle das gleiche Recht dazu haben. Trifft das auch dann zu, wenn ein Mensch einen anderen tätlich angegriffen, beraubt oder missbraucht hat? Warum sollten wir diesem Menschen mit Güte und Mitgefühl begegnen? Unser Gerechtigkeitsempfinden scheint dem zu widersprechen. Buddha geht jedoch davon aus, dass ein

Mensch nicht deshalb etwas Böses tut, weil er sündig oder ein von Grund auf schlechter Charakter ist, sondern aus Unwissenheit oder Verblendung – also aufgrund einer falschen Wahrnehmung der Realität. Eine kurze Geschichte mag dies verdeutlichen:

ALS BUDDHA ANGESPUCKT WURDE

Als der Buddha mit seinen Schülern zusammen unter einem Baum saß und mit ihnen zusammen meditierte, kam eines Tages ein Mann vorbei, der sich ihm näherte und ihn einfach anspuckte, ohne etwas dazu zu sagen. Der Buddha wischte sich die Spucke vom Gesicht, sah den Mann an und fragte: »Und was noch?« Der Mann schaute den Buddha verwirrt an. So etwas hatte er noch nie erlebt. Buddhas Lieblingsschüler Ananda war empört und meinte, das ginge doch nun wirklich zu weit. Der Mann müsse unbedingt bestraft werden. Daraufhin sprach der Buddha: »Ananda, du beleidigst mich, nicht dieser Mann. Er ist neu in der Gegend und vielleicht hat ihm einer erzählt, ich sei ein Atheist, abgefallen vom rechten Glauben, ein gefährlicher Revolutionär. Er kennt mich nicht, er hat nur eine Vorstellung von mir, hat sich eine Meinung gebildet und die hat er angespuckt. Wie könnte mich das beleidigen?«

Klar, auch wenn wir alle eine Buddha-Natur in uns tragen, ist es alles andere als leicht, eine so souveräne Haltung einzunehmen, wie der Buddha das in dieser Geschichte tut. Nur allzu oft reagieren wir mit Zorn, Wut und Unversöhnlichkeit, sobald wir uns gekränkt, angegriffen oder verletzt fühlen – und schaden uns letztlich selbst damit. Denn mit diesen Emotionen berauben wir uns unseres inneren Friedens und erreichen nichts, was die Situation verbessern würde. Im Gegenteil, wenn wir dazu neigen, andere schon wegen kleiner Fehler zu verurteilen, verschließen wir nur unser Herz und werden einsam, wie die folgende buddhistische Weisheit es ausdrückt:

»Kein Mensch in dieser Welt ist perfekt.
Wenn du Menschen wegen ihrer Fehler meidest,
wirst du allein sein in dieser Welt.
Beurteile weniger und liebe mehr.«

Das bedeutet allerdings nicht, alles gut finden oder hinnehmen zu müssen. Wenn wir bemerken, dass jemand ungerecht behandelt wird und unsere Hilfe braucht, sollten wir nicht nur mitfühlend mit den Schultern zucken und nichts tun, sondern uns einmischen. Und natürlich dürfen wir andere in ihre Grenzen verweisen, wenn sie schlecht mit uns umgehen. Entscheidend ist lediglich, dass das, was wir tun, von Mitgefühl und Fürsorge für uns selbst oder andere getragen ist und nicht von Wut und Rachegefühlen.

STELLE DIR FOLGENDE FRAGEN:

- Wie gehst du mit Menschen um, die sich deiner Meinung nach ungerecht verhalten haben?
- Nimmst du das Verhalten anderer oft persönlich und fühlst dich schnell angegriffen oder gekränkt?

ANREGUNG:

- Versuche, ungerechtes Verhalten mit Klarheit zurückzuweisen, ohne den Menschen zu verurteilen.

»Wer seinen
Wohlstand vermehren
möchte, der sollte sich
an den Bienen
ein Beispiel nehmen.
Sie sammeln
den Honig, ohne
die Blumen zu
zerstören.«

Ist das nicht erstaunlich? Dieses Zitat weist Buddha als einen frühen Vertreter der Ökologie aus. Es geht folgendermaßen weiter: »Sie (die Bienen) sind sogar nützlich für die Blumen. Sammle deinen Reichtum, ohne seine Quellen zu zerstören, dann wird er beständig zunehmen.« Klingt doch vollkommen anders als der berühmte Satz aus der Bibel: »Macht euch die Erde untertan«, der die logische Folgerung aus einer behaupteten Vormachtstellung des Menschen darstellt. Was der Mensch, angeblich die Krone der Schöpfung, in den letzten Jahrhunderten dem Rest der Schöpfung angetan hat, wissen mittlerweile fast alle. Selbst die meisten Politiker sprechen von einem »menschengemachten Klimawandel«, wobei der Begriff Klimakatastrophe es wesentlich besser trifft als der so harmonisch und harmlos klingende Begriff des Wandels.

Wie auch immer, der Buddhismus vertritt ein vollkommen anderes Weltbild als das bei uns vorherrschende.

Man muss nicht der Gaia-Hypothese des Biophysikers und Mediziners James Lovelock zustimmen, die besagt, dass die Erde und ihre Biosphäre als Lebewesen zu betrachten ist, um zu erkennen, dass unsere rücksichtslose Ausbeutung von Ressourcen uns und alle anderen Lebewesen auf diesem Planeten in eine Sackgasse geführt hat. Es ist fünf vor zwölf oder vielleicht auch schon später und immer noch fällt es vielen schwer zu akzeptieren, dass es Zeit ist, nicht nur umzudenken, sondern vor allem auch unser Verhalten zu verändern. Es klingt vielversprechend, mit neuen, umweltverträglichen Methoden eine klimaneutrale Energiewende anzusteuern. Doch wenn wir uns weiterhin von unserer Gier, von diesem nie zu befriedigenden Verlangen nach immer mehr antreiben lassen, wird das nicht ausreichen. Letztlich hängt alles davon ab, ob wir unsere Haltung gegenüber allem Leben auf der Erde grundlegend verändern und begreifen, dass Tiere, Pflanzen, aber auch die sogenannten Rohstoffe uns Menschen nicht beliebig zur Verfügung stehen. Jedes Leben ist kostbar, alle haben dasselbe Recht, glücklich zu sein, sagt der Dalai Lama und führt diesen Gedanken weiter aus:

»Alles, was unseren Planeten bevölkert,
die Vögel und die wilden Tiere, sie alle sind unsere Gefährten.
Sie sind Teil unserer Welt. Wir teilen sie mit ihnen.«

Jeden Tag nimmt die Artenvielfalt auf diesem Planeten ab. Nicht alles geht auf unsere Rechnung, aber eben doch beträchtlich viel. Aus buddhistischer Sicht ist der Konsumverzicht, der vor allem für uns privilegierte Menschen im reichen Westen notwendig sein wird, kein Problem, sondern im Grunde vielleicht sogar die Herausforderung, die wir brauchen, um uns vom Gängelband der Gier zu befreien. Sich klarzumachen, was im Leben wirklich zählt, und entsprechende Prioritäten zu setzen, mag nicht immer einfach sein. Letztlich kann aber gerade dadurch ein Reichtum entstehen, der nicht materiell definiert ist, sondern durch achtsamen Genuss der vielen schönen Augenblicke, Begegnungen und Dinge, die das Leben und dieser Planet Erde uns schenkt.

Damit das langfristig gelingt, besinne dich immer wieder darauf, was es mit dem Mittleren Pfad auf sich hat. Es ist wie bei einer Ernährungsumstellung: Wenn wir nur unserer Vernunft folgen und zu rigide auf alles verzichten, was Freude macht, halten wir das nicht lange durch oder werden verbiesterte, griesgrämige Zeitgenossen, die jeder meidet. Wir sollten deshalb stets auf unser Herz hören, um eine gute Balance zu finden und sicherzugehen, dass wir unser verspieltes inneres Kind nicht bestrafen. Matthieu Ricard, ein bekannter französischer Buddhist, rät zu einer gesunden Form von Demut:

> »Demut besteht nicht darin, dass wir uns für minderwertig halten, sondern darin, dass wir vom Gefühl unserer eigenen Wichtigkeit frei sind. Dies ist ein Zustand der natürlichen Einfachheit, der im Einklang mit unserer wahren Natur ist.«

Wenn wir uns als Teil der Natur begreifen, dürfen, ja, sollten wir unser Leben genießen und jeden Augenblick auskosten – nur eben nicht zulasten anderer Lebewesen, seien es Menschen, Tiere, Pflanzen oder andere. Da gibt es noch viel zu lernen und zu entdecken in den nächsten Jahren!

STELLE DIR FOLGENDE FRAGEN:

- Wie ist dein Verhältnis zur Natur? Was bedeutet sie dir? Welche Energie kannst du aus ihr schöpfen?
- Auf welche Dinge könntest du verzichten zugunsten des Wohlergehens anderer Lebewesen?

ANREGUNG:

- Verbringe regelmäßig Zeit in der Natur. Beobachte Tiere und Pflanzen und beschäftige dich mit ihnen.

DEN
EIGENEN
WEG
GEHEN

»Niemand rettet uns, außer wir selbst. Wir müssen selbst den Weg gehen.«

Tief in unserem Innersten wissen wir vermutlich alle, dass es so ist, dennoch fällt es uns oft schwer, diese »bittere« Wahrheit zu akzeptieren. Egal, ob wir 25, 45, 65 oder 85 Jahre alt sind – immer wieder hoffen wir auf einen Retter oder eine Retterin, sei es in Gestalt des berühmten Prinzen auf dem weißen Pferd, eines Liebespartners, einer Psychotherapeutin, eines Coaches, einer spirituellen Lehrerin oder eines tollen neuen Chefs. Es wäre so schön, so bequem, so einfach! Die Welt um uns herum erscheint uns oft zu kompliziert, widersprüchlich und undurchschaubar. Und nicht zuletzt sind wir uns selbst oft genug eine Last, eine Blackbox, die uns fremd ist oder zu der wir nicht gerade ein gutes Verhältnis haben.

Aber es hilft nichts! Natürlich können wir uns unterstützen und inspirieren lassen von anderen. Das müssen wir sogar! Es ist nichts Falsches daran, sich bei guten Freunden einfach mal auszuheulen und sich umsorgen zu lassen. Wer meint, er wisse alles selbst am besten und brauche keinen Austausch und keine Hilfe von anderen, liegt mit Sicherheit daneben. Doch unseren ganz eigenen, individuellen Weg kann kein anderer für uns gehen. Das müssen wir selbst tun – auch wenn uns dabei ab und zu die Knie schlottern, der Weg nicht gradlinig verläuft und wir oft nicht wissen, wohin er uns führen wird.

Im Gegensatz zu vielen Religionen, in denen der Glaube eine wichtige Rolle spielt, zählt im Buddhismus die eigene Erfahrung. Du kannst buddhistische Bücher lesen und fasziniert sein von dem, was darin steht. Doch solange du die Inhalte nicht selbst durchdrungen (und das heißt: gelebt) hast, sind sie nur wenig wert. Achtsamkeit und Meditation, zentrale Pfeiler der buddhistischen Philosophie, sind keine Theorien, sondern Praxis. Für Außenstehende mag es seltsam klingen, wenn Menschen, die auf dem buddhistischen Pfad unterwegs sind, einander fragen: »Was macht deine Praxis? Welche Erfahrungen hast du in letzter Zeit gemacht? Was sind die Schwerpunkte deiner Praxis?« Jeder Mensch macht andere Erfahrungen, hat andere Stolpersteine zu bewältigen, andere Talente und andere Neigungen. Auch die jeweilige Lebenssituation wirkt sich darauf aus, wie der Weg sich gestaltet. »Aber woran«, magst du einwenden, »erkenne ich denn, ob ich auf dem richtigen Weg bin?« Dazu sagt Buddha:

»Folge nicht den Ideen anderer, sondern lerne,
auf deine innere Stimme zu hören.«

Manche nennen diese innere Stimme Intuition, andere sprechen von der Stimme des Herzens oder vom Bauchgefühl. Egal, welchen Namen du ihr gibst – du kannst sie hören, wenn du bereit dazu bist. Das ist nichts Esoterisches. Was es dazu braucht, ist die Fähigkeit, dem dauernden Geschnatter im Kopf Einhalt zu gebieten. Das allerdings ist bedeutend schwieriger, als das Radio, den Fernseher oder das Smartphone auszuschalten, wobei dies schon wichtige erste Schritte sein können. Denn nichts führt uns weiter weg von unserer inneren Stimme als permanente Reizüberflutung. Wir müssen Voraussetzungen dafür schaffen, dass die innere Stimme überhaupt eine Chance hat, durchzudringen. Wie du das genau machst, bleibt dir selbst überlassen. Nicht das Meditationskissen ist entscheidend. Wenn du beim langsamen Spazierengehen durch die Natur besser zu innerer Ruhe findest, dann tue das. Vielleicht ist es für dich auch etwas Kreatives wie Malen oder Musizieren, das deinen Geist reinigt, oder so etwas Profanes wie achtsame Küchen- oder Gartenarbeit. Das musst du selbst herausfinden.

Je häufiger du Situationen schaffst, in denen du deiner inneren Stimme lauschen kannst, desto leichter wird es werden, mit ihr in Kontakt zu treten und ihr zu vertrauen.

Dieses Vertrauen ist etwas ganz Entscheidendes: Wenn du dir selbst nicht vertraust, wem solltest du dann vertrauen? Vertrauen hat etwas zu tun mit einer stabilen Verbindung. Das ist beim Vertrauen in eine andere Person nicht anders als beim Vertrauen in sich selbst. Und wie wächst es? Ganz einfach dadurch, dass du diese Verbindung immer wieder aufnimmst, der inneren Stimme folgst und deine Erfahrungen mit ihr machst. Dazu eine kurze Geschichte:

DAS GEHEIMNIS DES GLÜCKS

»Was ist das Geheimnis des Glücks?«, wurde ein alter Sufi-Meister eines Tages von seinen Schülern gefragt. Der alte Mann, der viel Lebenserfahrung gesammelt hatte, antwortete: »Richtige Entscheidungen sind das Geheimnis des Glücks, und die Voraussetzung dafür ist ein gutes Urteilsvermögen.« Als er daraufhin gefragt wurde, wie man denn ein gutes Urteilsvermögen erlangen könne, schmunzelte der Meister und sagte: »Durch ein schlechtes Urteilsvermögen und falsche Entscheidungen.«

Diese Geschichte verdeutlicht, dass wir nicht darum herumkommen, falsche Entscheidungen zu treffen, wenn wir unseren eigenen Weg finden wollen. Das Leben ist ein Lernprozess und dazu gehört nun einmal, dass wir uns irren und auch scheitern können. Der Dialog mit unserer inneren Stimme ist etwas Lebendiges und nichts in Stein Gemeißeltes. Wenn du merkst, dass du einen Fehler gemacht oder nicht das erreicht hast, was du wolltest, ist das zwar schmerzhaft, aber meist kein großes Unglück. Pema Chödrön, eine amerikanische buddhistische Nonne, schreibt in ihrem Buch »Vom Glück des Scheiterns«:

»Fehler sind Tore zur Kreativität, um etwas Neues zu lernen, um einen neuen, frischen Blick auf die Dinge zu werfen.«

Natürlich fühlt es sich nicht gut an, wenn dir etwas misslingt, wenn die Dinge nicht so laufen, wie du es erhofft hattest. Anstatt aber an diesem Punkt den gewohnten Mustern zu folgen und dich für eine »Versagerin« oder einen »Loser« zu halten, kannst du auch versuchen, neugierig zu sein auf das, was jetzt passiert. Das bedeutet nicht, die Verletzung zu leugnen, die in dem Moment da ist. Es tut weh, das ist so. Aber vielleicht kannst du dich auch entspannen und die Situation mit Offenheit und Neugierde betrachten: Was macht es mit dir, wenn eine Beziehung gescheitert ist, wenn du eine Prüfung vermasselt hast oder merkst, dass dein vermeintlicher Traumjob dir doch nicht liegt? Pema Chödrön vergleicht das Gefühl des Scheiterns mit einer großen Welle im Meer, die einen zu Boden drückt. Liegen zu bleiben ist keine Option, wenn man am Leben bleiben möchte. Auch wenn es mühsam ist, heißt es, aufzustehen und weiterzugehen. Buddha sagte:

»Der einzige wirkliche Misserfolg im Leben besteht darin, sich nicht treu zu sein.«

Und sich treu zu sein, bedeutet nicht, immer die gleichen Muster zu wiederholen, sondern mutig und unerschrocken nach neuen Wegen zu suchen und, wie man im Buddhismus sagt, deine Verletzlichkeit im Herzen zu halten, was letztlich nichts anderes bedeutet, als mitfühlend zu dir zu stehen und dir zu vertrauen.

STELLE DIR FOLGENDE FRAGEN:

- Wartest du – vielleicht auch nur in bestimmten Bereichen – immer noch auf Rettung von außen?
- Vertraust du auf deine innere Stimme?
- Welche Erfahrungen haben dich darin bestärkt, ihr zu vertrauen?

ANREGUNGEN:

- Nimm dir jeden Tag Zeit für dich allein, in der du für niemanden erreichbar bist und nichts tust, als ruhig zu atmen und in dich hineinzuhorchen.
- Mache eine Liste mit mindestens zehn Sätzen, die mit den Worten »Ich vertraue mir, weil …« beginnen.

»Die Lehre
gleicht einem Floß,
das man benutzt,
um über einen Fluss
ans andere Ufer
überzusetzen, das man
aber zurücklässt
und nicht mehr mit
sich herumschleppt,
wenn es seinen Zweck
erfüllt hat.«

Was meint der Buddha, wenn er sagt, dass wir seine Lehre nicht mehr brauchen, wenn wir am »anderen Ufer« angekommen sind? Wie sollen wir uns dieses andere Ufer überhaupt vorstellen? Und warum brauchen wir ein Floß, um überzusetzen, und können nicht einfach losschwimmen oder paddeln?

Im Grunde ist es mit Buddhas Lehre nicht anders, als wenn wir zum Beispiel lernen, ein Instrument zu spielen, uns künstlerisch oder sportlich zu betätigen. Wer auf einem Klavier improvisieren möchte, sollte sich mit der Harmonielehre, dem Einsatz der Pedale oder den rhythmischen Grundlagen vertraut gemacht haben, sonst kommt nur Chaos dabei heraus und er wird nie mit anderen zusammenspielen können. Und das gilt für viele andere Bereiche ebenso: Nur ein guter Koch, der gelernt hat, welche Lebensmittel und Gewürze man wie zubereitet und kombiniert, kann Kochrezepte variieren und verfeinern.

In unserer individualistisch geprägten westlichen Welt fällt es vielen schwer, das zu akzeptieren. Wir sind schnell beim »I do it my way«, weil es unserer Art, zu denken, entspricht, und blicken eher herab auf Gesellschaftsformen, in denen das Lernen der Regeln, das Prinzip des Auswendiglernens und des Nicht-gleich-alles-Hinterfragens eine große Rolle spielen. Dabei hat beides seine Berechtigung. Es ist allerdings eine Frage des Zeitpunktes, ob das eine oder das andere Prinzip angemessen und erfolgversprechend ist.

Das folgende Zitat des Dalai Lama bringt es mal wieder auf den Punkt:

»Lerne die Regeln, damit du sie richtig brechen kannst.«

Wenn wir beim Bild des Floßes bleiben, mit dem wir über den Fluss übersetzen, wäre es fatal, in den Stromschnellen vom Floß zu springen. Es muss uns nicht umbringen, aber die Situation könnte gefährlich werden. Auch wenn es uns gelänge, irgendwie ans andere Ufer zu kommen, hätten wir nicht gelernt, wie wir andere Flüsse, auf die wir auf unserem Lebensweg immer wieder stoßen werden, sicher überqueren können. Mit der Zeit freilich können wir unseren eigenen Stil entwickeln und müssen uns nicht mehr genau an die Regeln halten. Am Anfang jedoch sollten wir das Floß möglichst genau so benutzen, wie unser Lehrer es uns gezeigt hat.

Bezogen auf Meditationen oder Achtsamkeitsübungen heißt das, dass es sehr viel Sinn macht, den Anleitungen von erfahrenen Lehrerinnen zu folgen und nicht ständig von einer Tradition zur anderen zu wechseln. Denn es gibt nicht nur die eine Bauart des Floßes, um im Bild zu bleiben, sondern durchaus verschiedene, um ans andere Ufer zu gelangen. Während das eine Floß jedoch noch im Bau ist, ist es wenig zielführend, die Bauart oder das Material zu wechseln, weil dann vermutlich etwas dabei herauskäme, das nicht schwimmfähig ist. Das wäre, als würdest du mitten im Hochsprung-Training die Disziplin wechseln und auf Weitsprung umsteigen.

Wann genau der Zeitpunkt gekommen ist, seinen eigenen Weg zu gehen, ist nicht immer leicht zu erkennen. Hier ist Selbstverantwortung gefragt. Das Bild des Floßes ist an dieser

Stelle vielleicht auch etwas irreführend, denn es geht nicht darum, dass du das Floß gar nicht mehr brauchst. Vielmehr ist es eine schrittweise Entwicklung, bei der das äußere Regelwerk, an dem du dich orientierst, immer unwichtiger wird, je mehr du deinem inneren Kompass vertraust, der dir den Weg anzeigt.

STELLE DIR FOLGENDE FRAGEN:

- Bist du jemand, der sich gern an Regeln hält, oder fällt es dir eher schwer?
- In welchen Bereichen deines Lebens ist es hilfreich, dich an Regeln zu orientieren?
- In welchen Lebensbereichen hast du dich bereits freigeschwommen?

ANREGUNGEN:

- Wähle bestimmte Achtsamkeitsübungen oder Meditationen aus und halte dich mindestens sechs Wochen genau an die Anleitungen, bis sie dir in Fleisch und Blut übergegangen sind.

»Allein sitzend,
allein ruhend,
allein umhergehend,
frei von Trägheit;
wer tiefe Einsicht
in die Wurzeln des
Leidens hat, genießt
großen Frieden,
wenn er in
Einsamkeit weilt.«

Hand aufs Herz: Wie viel Zeit verbringst du allein, nur mit dir selbst – ohne Ablenkung oder Input von außen, also ohne Arbeit, ohne Smartphone, ohne Radio, ohne Buch, ohne Film, ohne andere Menschen oder Haustiere? Die Zeit, in der du schläfst oder auf dem Sofa döst, zählt übrigens nicht!

Bei den meisten von uns bleibt da nur wenig Zeit, wenn überhaupt. Es ist einfacher, sich mit etwas anderem zu beschäftigen als mit sich selbst, als der inneren Stimme zuzuhören. Wir sind derart an ständige Reize von außen gewöhnt, dass wir uns unbehaglich fühlen, sobald sie weg sind. Die Reizüberflutung, die uns eigentlich beunruhigen sollte, ist zum Normalzustand geworden. Ist das nicht seltsam? Was treibt uns an? Wovor haben wir Angst? Was können wir nicht aushalten?

Das Erste, was bei fast allen Menschen passiert, wenn sie sich ruhig hinsetzen und nichts tun, als sich auf sich selbst zu konzentrieren, auf ihren Atem, ihre Körperempfindungen und Gedanken, ist, dass sie unruhig, ja, geradezu zappelig werden und am liebsten Reißaus nehmen würden. Auf der körperlichen Ebene machen sich alle möglichen unangenehmen Empfindungen bemerkbar: Es juckt irgendwo, es klemmt oder schmerzt, ist zu heiß oder zu kalt. Der Unruhegeist meldet sich mit Aufgaben zu Wort, die unbedingt sofort erledigt werden müssten. Je nach Temperament oder Lebenssituation kann diese Unruhe lange anhalten und sich nicht gerade angenehm anfühlen. Aber diese

Zeit ist wertvoll, wenn es uns gelingt, die Empfindungen und Gedanken einfach nur zu beobachten und sie weder zu verurteilen noch ihnen nachzugeben.

»Betrachte deine Empfindungen und Gedanken als Gäste, die kommen und gehen. Begrüße und verabschiede sie, lade sie aber nicht zum Tee ein.«

Dieses Bild verwenden viele Meditations- oder Achtsamkeitslehrer, weil es genau diesen Balanceakt beschreibt, den es zu erlernen gilt. Wenn du versuchst, die Gedanken einfach nur zu unterdrücken oder zu ignorieren, schenkst du ihnen nur noch mehr Energie und verpasst die Chance, dich besser kennenzulernen. Doch genau darum geht es letztlich, wenn du Zeit mit dir selbst verbringst: darum, dich besser kennenzulernen – und zwar jenseits all der Vorstellungen, wie du zu sein hast oder gern sein würdest.

Es kann gut sein, dass auf die Unruhe eine Phase der Müdigkeit oder Trägheit folgt oder dass diese sogar stärker ist als die Unruhe. Möglicherweise bist du tatsächlich körperlich oder geistig erschöpft und merkst dies erst jetzt, wo du dir erlaubst, nichts zu tun. In diesem Fall solltest du der Müdigkeit nachgeben beziehungsweise darüber nachdenken, wie du mehr Erholungspausen in deinen Alltag einbauen kannst. Vielleicht ist es aber auch keine echte Müdigkeit, sondern eine Trägheit, mit deren Hilfe dein Geist versucht, auszuweichen und deine Aufmerksamkeit zu unterminieren. »Was soll das?«, scheint er zu fragen. »Das langweilt mich. Wenn es keinen Input gibt, schlafe ich halt.« Der träge Geist ist manchmal gar nicht so leicht zu überlisten. Er braucht »Futter«, das seine Neugierde, seine Begeisterungsfähigkeit entfacht und ihm Energie gibt. Ihm nachzugeben führt nur zu Frustration, aber auch hier gilt es wieder, einen Mittelweg zu finden. Experimentiere mit achtsamen Körperübungen wie Yoga oder Qigong oder mit Meditationsformen, die den Geist wachhalten. Auch Malen, Musizieren oder Tanzen könnte dir helfen, die Tendenz zur Trägheit zu überwinden und dich selbst besser zu spüren.

Wie auch immer du mit Unruhe oder Trägheit oder sonstigen Widerständen umgehen magst, versuche einfach, diese Me-Time, wie man das heute nennt, als festen Bestandteil in deinen Alltag einzubauen und dem Ratschlag des Dalai Lama zu folgen, der da lautet:

»Verbringe jeden Tag einige Zeit mit dir selbst.«

STELLE DIR FOLGENDE FRAGEN:

- Wie oft verbringst du wirklich Zeit mit dir allein?
- Was sind deine Vermeidungsstrategien?
- Wirst du eher unruhig oder träge, wenn du allein bist?

ANREGUNGEN:

- Reserviere täglich fünfzehn Minuten nur für dich und plane sie ein wie einen Termin.
- Experimentiere damit, was dir am besten hilft, wenn du unruhig oder träge wirst.
- Notiere in einem Tagebuch, welche Gedanken regelmäßig auftauchen.

»Jeder von uns
ist allwissend.
Wir müssen lediglich
unser Bewusstsein
öffnen, um unserer
eigenen Weisheit
zu lauschen. Das Herz
kennt den Weg.«

Echt jetzt? Allwissend sollen wir sein – wo wir doch so viel Mist bauen und so viele Dinge tun, mit denen wir uns selbst und anderen nachweislich schaden? Okay, da steht allerdings nicht, dass diese Allwissenheit uns schon zur Verfügung steht. Unser Bewusstsein müssen wir angeblich erst dafür öffnen. Viele scheinen das noch nicht getan zu haben, wenn man sich so umsieht. So ganz einfach ist es offenbar doch nicht. Aber schauen wir uns den Zusammenhang von Wissen beziehungsweise Weisheit und unserem Herzen doch mal genauer an:

Manche meinen, der Buddhismus sei eine sehr rationale Angelegenheit, gilt doch Unwissenheit als eine der größten Ursachen für Leid. Liest man Bücher buddhistischer Autoren, die sich mit der Auslegung der alten Schriften beschäftigen, scheint sich diese Vermutung zu bestätigen. Oftmals klingen diese Texte sehr verkopft und kommen mit einem sperrigen Vokabular daher, das weit von unserer Alltagssprache entfernt ist. Wenn du wenig übrighast für akademische philosophische Texte, lass lieber die Finger von diesen Büchern, denn sie würden dich nur abschrecken. Und das wäre schade! Auch wenn das Durchdenken der Realität eine große Rolle spielt, ist das Herz für die buddhistische Praxis nicht weniger bedeutsam.

Denn wie sollten Mitgefühl, Dankbarkeit, Vergebung, Freude und Liebe, die als Säulen unseres Glücks gelten, ohne die Beteiligung des Herzens möglich sein? Mit spontanen Gefühlsaufwallungen oder Sentimentalität hat der buddhistische Weg des

Herzens allerdings nichts zu tun. Die oben genannten Qualitäten werden nicht als Gefühle verstanden, sondern als innere Haltungen bezeichnet. Gefühle oder Emotionen kommen und gehen. Wenn du verliebt bist, könntest du die ganze Welt umarmen. Hat dich hingegen gerade irgendetwas verärgert, lässt du deinen Ärger womöglich an der nächstbesten Person aus. Und wenn du frustriert bist, kannst du die gute Laune anderer schlecht aushalten und tendierst dazu, ihnen die Stimmung zu vermiesen. All das sind spontane emotionale Reaktionen oder Impulse, die zwar auch positiv ausfallen können, jedoch nichts mit einer inneren Haltung gemein haben, die von Bestand wäre. Deshalb ist es weder für uns selbst noch für unser Umfeld förderlich, wenn wir diese Impulse nicht kontrollieren könnten.

Impulskontrolle soll aber keineswegs dazu führen, dass wir Gefühle unterdrücken und sie gar nicht mehr wahrnehmen. Im Gegenteil, durch Achtsamkeit und Meditation nimmst du deine Gefühle sogar viel deutlicher wahr. Du identifizierst dich aber nicht mehr mit ihnen und lebst sie nicht beliebig aus, bist also ihrem launischen Kommen und Gehen nicht mehr ausgeliefert. Das ist die Voraussetzung dafür, dass du in deinem Herzen innere Haltungen kultivierst, die dich stabiler und glücklicher durchs Leben tragen als spontane emotionale Impulse.

Das Herz, so drückt es der bekannte amerikanische Meditationslehrer Jack Kornfield aus, ist wie ein Garten, in dem Gefühle und innere Haltungen gedeihen oder verkümmern, je nachdem, wie wir sie pflegen. Es liegt in unserer Hand, ob wir unserem Ärger, Wut und Neid immer wieder Dünger geben und mit dieser Haltung in die Welt hinausgehen oder ob wir bewusst Mitgefühl, Dankbarkeit und Freude nähren. Nur wenn wir das tun, entwickeln wir ein weises Herz.

Es ist also nicht ganz so einfach, wie es in dem Zitat fürs Erste klingen mag. Das Problem ist, dass wir aufgrund von Kränkungen und traumatischen Erfahrungen den direkten Zugang zu unserer ursprünglichen Güte, der sogenannten »Buddha-Natur«, verloren haben. Wir haben unsere Buddha-Natur gewissermaßen vergessen und müssen erst wieder einen Weg finden, unser Herz zu befreien und zu reinigen. Meist gilt es, aufgestauten alten Groll, Zorn und Unversöhnlichkeit loszulassen. Das geht nicht von heute auf morgen. Die gute Nachricht aber ist, dass jeder diesen Weg gehen kann, wie Buddha betont:

> »Wenn es nicht möglich wäre, das Herz von Befleckung durch leidvolle Zustände frei zu machen, würde ich euch nicht lehren, ebendas zu tun.«

Die wichtigsten Schlüssel für die Befreiung des Herzens sind Meditation und Achtsamkeit mit einem Fokus auf Mitgefühl, liebende Güte, Dankbarkeit und Freude. Wenn du diese Qualitäten in dir stärkst, zeigt dein Herz dir den Weg.

STELLE DIR FOLGENDE FRAGEN:

- Gibt es alte Kränkungen, die du noch nicht loslassen konntest?
- Was steht deinem Weg zu einem weisen Herzen im Weg?

ANREGUNGEN:

- Nimm regelmäßig Kontakt auf zu deinem Herzen. Frage es, was es braucht, um nicht mehr zu leiden.

»Das Geheimnis
der
außerordentlichen
Menschen
ist in den
meisten Fällen
nichts als
Konsequenz.«

Konsequenz – was ist das genau? Und was versteht Buddha darunter? Wenn du nach Synonymen für diesen Begriff suchst, findest du positiv klingende Wörter wie Schlüssigkeit, Folgerichtigkeit, Beharrlichkeit, Entschlossenheit und Zielstrebigkeit, aber auch negativ belegte wie Sturheit und Verbissenheit. Wenn jemand die Konsequenzen seiner Handlung tragen muss, ist das meist nichts Angenehmes. In der Regel bedeutet es, dass er die Folgen seines Handelns nicht bedacht hat und jetzt flapsig gesagt die Suppe auslöffeln muss. Jemanden als konsequent zu bezeichnen klingt hingegen eher wie ein Kompliment, wenngleich es eine gewisse Strenge impliziert. Diese Strenge, die man vielleicht besser Disziplin nennen sollte, brauchen wir auch, wenn wir einen bestimmten Weg gehen wollen. Denn Stolpersteine, Fallen und Verführer am Wegesrand, die es zu überwinden beziehungsweise denen es zu widerstehen gilt, tauchen immer auf – egal, ob du den sportlichen, musikalischen, wissenschaftlichen oder spirituellen Weg eingeschlagen hast.

Im Buddhismus spricht man von den Fünf Hindernissen, die uns davon abhalten, glücklich und zufrieden zu werden. Um diese Hindernisse zu überwinden, die nicht von außen, sondern aus unserem Inneren kommen, brauchen wir eine große Portion Konsequenz, daneben aber auch Selbstmitgefühl, Selbstfürsorge, Begeisterungsfähigkeit, Geduld, Vertrauen und Achtsamkeit.

Ein besonders tückisches Hindernis ist der Zweifel, denn natürlich haben Zweifel auch ihre Berechtigung. Buddha fordert uns explizit dazu auf, seine Lehre zu hinterfragen, zu überprüfen und nicht blind daran zu glauben. Oft tarnt sich jedoch ein innerer Widerstand gegen Veränderung als Zweifel oder Trägheit oder Unruhe, zwei weitere nicht zu unterschätzende Hindernisse, die verhindern, dass wir überhaupt an den Punkt kommen, wirklich beurteilen zu können, ob eine Sache uns guttut, ob sie uns liegt oder nicht. An diesem Punkt kommt die Konsequenz wieder ins Spiel: Wenn du dich für eine Meditationsform oder die Achtsamkeitspraxis entschieden hast, dann bleib eine Weile dran und gib ihr und dir eine Chance. Tust du das nicht beziehungsweise neigst du dazu, mit etwas zu beginnen, aber schnell wieder aufzugeben, schwächst du deine Willenskraft und dein Selbstvertrauen empfindlich, weshalb Buddha sagt:

»Es gibt nur zwei Fehler, die man auf dem Weg
zur Wahrheit machen kann: nicht den ganzen Weg
zu gehen und nicht anzufangen.«

Die beiden größten und am schwierigsten zu meisternden Hindernisse sind einerseits unsere Gier, unsere Unersättlichkeit in Sachen Haben-Wollen, die uns wie eine Sucht im Griff hat, und andererseits unser Widerwille gegenüber unangenehmen Erfahrungen, dieses Nicht-(wahr)-haben-Wollen der Dinge, wie sie sind. Diese beiden Hindernisse begleiten uns bis zum Tod – einfach deshalb, weil sie so tief in unserer Natur verwurzelt sind. Dennoch können wir eine Balance anstreben, die uns mehr Freiraum lässt. Achtsamkeit ist auch hier der entscheidende Schlüssel. Beim Thema Verlangen helfen manchmal kleine »Fastenexperimente«, um eine neue Erfahrung zu machen. Du kannst zum Beispiel eine Zeit lang konsequent auf bestimmte Dinge beim Essen verzichten, es funktioniert jedoch genauso in Bezug auf Handy- oder Social-Media-Konsum, das Kaufen neuer Klamotten, von Deko-Gegenständen oder was auch immer du als Objekt deiner Begierde identifizierst. Du wirst feststellen, dass dieses Fasten ein paar Tage lang ein bisschen wehtut, dein Interesse dann aber mehr und mehr abnimmt und du dich weniger getrieben fühlst. Loslassen in Bezug auf das Verlangen heißt generell, ein einfacheres, weniger konsumorientiertes Leben anzustreben und sich durch Großzügigkeit daran zu erfreuen, anderen etwas schenken zu können.

Um unseren Widerwillen gegen das, was ist, und unseren Widerstand gegen Schmerz und Leid zu verringern, braucht es keine Härte, sondern Akzeptanz und viel Selbstmitgefühl. Anstatt im Kampfmodus unser Leid zu vergrößern, geht es darum, weicher zu werden und den Fokus sanft vom Schmerz auf etwas zu verschieben, was Freude und Dankbarkeit in uns auslöst.

STELLE DIR FOLGENDE FRAGEN:

- Neigst du dazu, Dinge anzufangen und schnell wieder aufzugeben oder das Interesse zu verlieren?
- Was braucht es, damit du an einer Sache dranbleiben kannst?

ANREGUNGEN:

- Nimm dir nur Dinge vor, die realistisch sind, also statt täglich eine Stunde meditieren vielleicht an fünf Tagen die Woche jeweils zehn Minuten.

Über die Autorin

Ilona Daiker hat in Berlin Germanistik und Soziologie studiert und danach eine Ausbildung zur Heilpraktikerin mit Schwerpunkt auf traditioneller chinesischer Medizin und Shiatsu absolviert. Einige Jahre lang arbeitete sie sowohl als Heilpraktikerin als auch als freie Lektorin und Autorin in Hamburg, bevor sie sich schließlich ganz den Büchern widmete. 20 Jahre lang war sie als Redakteurin beim Gräfe und Unzer Verlag tätig und betreute viele Titel zu den Themenbereichen Achtsamkeit/Meditation, Yoga, Alternative Heilmethoden. Seit einigen Jahren arbeitet sie freiberuflich als Autorin und Ghostwriterin.

»Meine erste Begegnung mit dem Buddhismus fand während meiner Studienzeit statt, als ich die japanische Kampfkunst Aikido erlernte. Seither hat meine Faszination für diese Weisheitslehre nicht abgenommen. Über die Jahre habe ich mich von vielen verschiedenen buddhistischen Lehrern inspirieren lassen und etliche Retreats sowohl in Deutschland als auch in Sri Lanka und Thailand besucht.
Nach meiner Erfahrung ist eine regelmäßige Meditationspraxis auch in schwierigen Lebensphasen etwas sehr Stabilisierendes und Beglückendes – vor allem, wenn du dir eine Meditationsgruppe, eine Sangha, suchst, mit der du zusammen praktizierst. Dabei ist es nicht so entscheidend, welcher buddhistischen Schule du dich anschließt – Hauptsache, du fühlst dich in der Gruppe wohl, getragen und unterstützt auf deinem Weg.
Nicht weniger wichtig ist allerdings der Alltag, um den es ja in diesem Buch vor allem geht. Rückzug auf das Meditationskissen ist wunderbar, doch dein Handeln im Alltag und deine innere Haltung gegenüber der Umwelt sind es, die einen glücklichen, ausgeglichenen oder einen unzufriedenen, mit seinem Leben hadernden Menschen aus dir machen. Dass du das zumindest zu einem Großteil selbst in der Hand hast, ist für mich die Essenz des Buddhismus!«

Von Ilona Daiker bei GU erschienen:

- *Gelassen wie ein Buddha (Tischaufsteller)*
- *Das Kaleidoskop des weisen Händlers (mit M. Eppinger)*

LIEBE LESERINNEN UND LESER,

wir wollen Ihnen mit diesem Buch Informationen und Anregungen geben, um Ihnen das Leben zu erleichtern oder Sie zu inspirieren, Neues auszuprobieren. Wir achten bei der Erstellung unserer Bücher auf Aktualität und stellen höchste Ansprüche an Inhalt und Gestaltung. Alle Anleitungen, Übungen oder Rezepte werden von unseren Autoren, jeweils Experten auf ihren Gebieten, gewissenhaft erstellt und von unseren Redakteur*innen mit größter Sorgfalt ausgewählt und geprüft.

Haben wir Ihre Erwartungen erfüllt? Sind Sie mit diesem Buch und seinen Inhalten zufrieden? Wir freuen uns auf Ihre Rückmeldung. Und wir freuen uns, wenn Sie diesen Titel weiterempfehlen, in Ihrem Freundeskreis oder bei Ihrem Online-Kauf.

Sollten wir Ihre Erwartungen so gar nicht erfüllt haben, tauschen wir Ihnen Ihr Buch jederzeit gegen ein gleichwertiges zum gleichen oder ähnlichen Thema um.

KONTAKT ZUM LESERSERVICE

GRÄFE UND UNZER VERLAG
Grillparzerstraße 12
81675 München
www.gu.de

IMPRESSUM

unum

unum ist eine eingetragene Marke der GRÄFE UND UNZER VERLAG GmbH, www.gu.de

ISBN 978-3-8338-9009-3
1. Auflage 2023

Projektleitung: Anja Schmidt
Lektorat: Karla Seedorf
Umschlaggestaltung und Layout: ki36 Editorial Design, München, Katja Wohnrath, Bettina Stickel
Bildredaktion: Nele Schneidewind

GRÄFE UND UNZER
Ein Unternehmen der GANSKE VERLAGSGRUPPE

Herstellung: Renate Hutt
Satz: Uhl + Massopust, Aalen
Reproduktion: Longo AG, Bozen
Druck und Bindung: DZS Grafik, Slowenien

Bildnachweis

Getty Images: Cover, S. 2–3, 8–9, 64–65, 108–109, 128–129, 166–167; Johannes Rodach: S. 190; Stocksy: S. 28–29; Icons von Shutterstock und Istock

Syndication: www.seasons.agency

Die unum-Homepage finden Sie unter: www.unum-verlag.de